이야기대화식 책별 성경연구 » 구약
SERIES

이대희 지음 | 바이블미션 편

창세기 3

이삭, 야곱(창세기 25~36장)

엔크리스토
ENCHRISTO

그리스도인이라면 누구나 한 가지 소망이 있습니다. 그것은 성경 66권을 공부하는 일입니다. 이 일이 쉽지는 않지만 누구나 한 번쯤 도전하고 싶을 것입니다.

성경을 공부하는 방법으로는 보통 주제별, 제목별, 개관별 등의 방법이 있지만, 성경공부의 진수를 맛보려면 책별 성경공부 이상 좋은 것이 없습니다. 새롭게 편성하여 주제를 맞추어 공부하는 것보다는 성경 자체를 가감 없이 공부하는 것이 더욱 필요합니다.

이런 의도에서 필자는 엔크리스토 성경대학을 통하여 수강생들과 같이 수년 동안 책별로 매년 한 권씩 연구해 나가고 있습니다. '이야기대화식 책별 성경연구 시리즈'는 그동안 성경대학에서 워크숍을 통해 함께 연구한 것을 토대로 다시 정리하고 펴낸 시리즈입니다. 탁상에서 집필한 것을 현장에서 사용함으로써 피드백을 거친 정통한 시리즈입니다. 어려운 작업이지만, 성경 66권 모두를 연구하고 펴낼 수 있기를 기도합니다.

성경을 공부하는 것은 영적 성장에 있어서 대단히 중요한 일입니다. 설교를 듣는 것으로는 영적 성장에 한계가 있습니다. 신앙의 홀로서기를 위해서는 개인적인 성경연구와 소그룹을 통한 성경공부가 필수입니다. 어느 한쪽으로 치우치지 않고 균형잡힌 신앙, 즉 하나님이 원하시는 온전한 신앙으로 자라기 위해서는 성경 자체를 공부해야 합니다.

그동안 한국 교회에서는 주로 강해설교를 통해 성경공부를 했습니다. 그러나 이제는 한 걸음 더 나아가 성도들이 그룹으로 성경 본문 자체를 연구하면서 스스로 성경을 보는 눈을 키워야 합니다. 이를 위해선 누구나 여행하는 마음으로 성경 속으로 들어가 공부할 수 있는 책별 성경공부가 필요하다는 생각이 들었습니다. 그래서 한국 상황에 맞는 이 시리즈가 탄생하게 되었습니다.

성경을 점점 더 멀리하는 이 시대이지만 주님께서는 성경을 통해 믿음이 다음 세대까지 전수되고 말씀을 통해 주님의 제자가 세워지기를 간절히 원하십니다. 저 또한 이야기대화식 성경연구 시리즈가 말씀을 회복하는 일에 쓰이기를 원합니다. 본 교재를 통해 성경의 참맛을 느끼고 말씀의 재미를 경험한다면 이보다 더 의미 있는 일은 없을 것입니다.

그동안 많은 분들이 이야기대화식 성경연구 방법을 현장에 적용하면서 성경을 보는 눈이 열리고 말씀을 재미있게 보게 되었다고 고백하고 있습니다. 이 교재를 사용하는 분들에게도 같은 은혜가 있기를 기도합니다. 말씀을 나누는 각 교회 현장에서 성경이 살아나고 영혼이 살아나며 교회와 가정과 이웃과 민족이 생기를 얻는다면 이보다 더 좋은 일은 없을 것입니다.

말씀을 통한 새 역사를 꿈꿉니다. 또 말씀이 동력이 되어 교회와 개인의 신앙이 성장하기를 소원합니다. 우리의 모든 삶은 세상적인 경험이나 사조, 유행이 아닌 말씀에서 나와야 합니다. 모든 것의 근원인 말씀에서 삶과 프로그램이 나온다면 그것이야말로 말씀의 성육신을 이루는 삶이라 할 수 있습니다. 이야기대화식 책별 성경연구 시리즈가 말씀의 생활화를 이루는 초석이 되기를 기도합니다.

성서사람 · 성서교회 · 성서한국 · 성서나라가 이루어지는 그 날을 꿈꾸며

이 대 희

1 성경 전체 66권을 각 권별로 자유롭게 선택하여 사용할 수 있는 성경공부입니다.

2 드라마를 보며 여행을 하는 재미를 경험하는 내러티브 성경공부입니다.

3 모든 세대(중등부~장년부) 누구나 참여할 수 있는 총체적 성경공부입니다.

4 이야기와 대화를 사용하는 소그룹, 셀그룹, 구역 등에 적합한 성경공부입니다.

5 다양한 상황(성경강해, 기도회, 성경공부 모임)에 응용할 수 있는 성경공부입니다.

6 성경 전체를 체계적으로 연구할 수 있는 성경공부입니다.

7 장기적으로 신앙성장을 이루는 균형 잡힌 평생 양육 성경공부입니다.

8 귀납적 방법과 이야기대화식 방법을 조화시킨 한국 토양에 맞는 성경공부입니다.

9 말씀의 능력을 체험하면서 삶의 변화를 이루는 역동적 성경공부입니다.

10 성경 속으로 누구나 쉽게 다가서며 말씀의 깊이를 체험하는 성경공부입니다.

11 영적 상상력과 응용력을 키워주는 창의적 성경공부입니다.

차 례

1 책별 성경연구 시리즈는 연속극처럼 연결되는 맛이 있으므로 장면 장면이 서로 이어지게 하면서 하나의 이야기로 이끌어가도록 합니다.

2 어떤 사상이나 교리보다는 성경말씀 자체를 사랑하며 말씀이 나를 보도록 하고 오늘 나에게 주시는 음성을 듣는 데 초점을 맞춰야 합니다.

3 교재에 너무 의지하기보다는 교재에 나와 있는 질문을 중심으로 각자 새롭게 상황에 따라 창의적으로 만들어가면서 본문 말씀 안으로 들어가도록 합니다.(Tip은 먼저 보지 말고 이해되지 않을 때 참고)

4 성경을 연구하면서 점차 성경을 보는 눈과 능력을 배양하고 성경 안으로 깊이 들어가는 데 목표를 둡니다.

5 일방적인 강의보다는 소그룹에서 대화를 나누는 방식으로 그룹 활성화를 이루어 성경공부의 흥미를 유발합니다. (자세한 인도자 노하우는 《이야기대화식 성경연구(이대희 저, 엔크리스토 간)》를 참조)

6 성경책별의 유형을 잘 살펴서 그것에 맞는 특징을 살리면 더욱 성경공부가 흥미롭습니다.

7 책별 성경연구는 각 과가 장면 형태로 구성되어 있고 기존의 지식형 공부방법을 탈피하여 드라마나 영화장면을 보는 것처럼 입체적 상상력을 갖고 성경을 공부하는 방식입니다.

8 각 과가 진행될 때 해당하는 과를 모두 마쳐야 한다는 중압감을 벗고 상황에 따라 과를 두 번에 나누어 진행하는 등 성령의 인도에 따라 진행을 자유롭게 하는 것이 좋습니다.

그리스도인 이라면 누구나 갖는 한 가지 소망 ……
이 한 권에 담긴 이야기의 소망 ……

Narrative

창세기 3

이삭, 야곱 (창세기 25~36장)

창세기 3

이삭, 야곱(창세기 25~36장)

1. 이삭과 야곱의 이야기

이삭은 아브라함과 야곱을 이어주는 연결고리입니다. 그러다 보니 이삭은 아브라함과 야곱 사이에 가려 잘 보이지 않습니다. 이삭은 족장 중에서 가장 오래 살았습니다. 그러면서도 조용한 일생을 보냈습니다. 이삭은 젊은 시절, 아버지의 절대 신앙에 순종하여 자신을 하나님의 제물로 기꺼이 바치는 모습을 보여 주었습니다.

이삭은 순종의 사람으로 그 특징을 삼을 수 있습니다. 이삭은 아버지를 거의 닮을 정도로 성공과 실패가 유사합니다. 아브라함의 복사판과도 같습니다. 이삭 이야기는 야곱의 이야기와 함께 진행됩니다. 창세기 25:19~35:29까지에서 이삭과 야곱이 같이 언급되고 있습니다.

이삭이 낳은 야곱은 이스라엘 민족을 대표하는 사람으로 족장의 역사에 중요한 의미를 주고 있습니다. 야곱의 열두 아들은 후에 이스라엘 지파의 뿌리가 됩니다.

야곱이 에서를 속여서 장자권을 가로챘음에도 하나님은 야곱과 언약을 세우시고 그를 훈련시키셨습니다. 야곱의 방랑 생활은 잘 속이는 야곱의 인격이 변화되는 과정으로 전개됩니다. 야곱은 점차 자기 중심에서 하나님 중심으로 변화되었습니다. 이 모습은 인간이 변화되는 과정과도 같습니다. 야곱의 변화는 에서와 화해를 하면서 본격적으로 결실을 맺게 됩니다. 야곱의 이름이 이스라엘로 바뀌면서 하나님께 선택받은 야곱은 놀라운 사람으로 점차 부각되고 있습니다. 하나님이 주도적으로 약속의 사람을 선택하여 이끌어가는 장면이 자세하게 나오고 있습니다. 우리는 야곱 이야기를 읽으면서 지극히 인간적인 이기주의자 나 자신을 바라보게 됩니다. 야곱 이야기를 통하여 삶의 변화를 꿈꾸어 봅시다.

이삭과 야곱의 이야기 내용 핵심파일

이삭의 후예—창세기 25:19~34
이삭이 그랄에서 아비멜렉과 맺은 언약—창세기 26장
야곱이 장자 명분을 획득한 후 도망—창세기 27장
벧엘의 하나님(1)—창세기 28장
라반에서 종살이와 자녀 출산—창세기 29~31장
귀향길에 오름(얍복강 나루)—창세기 32장
에서와 화해—창세기 33장
디나 사건과 새겜 살육—창세기 34장
벧엘의 하나님(2), 아내 라헬과 아버지 이삭의 죽음—창세기 35장
에서의 후예—창세기 36장

2. 야곱의 믿음의 과정표

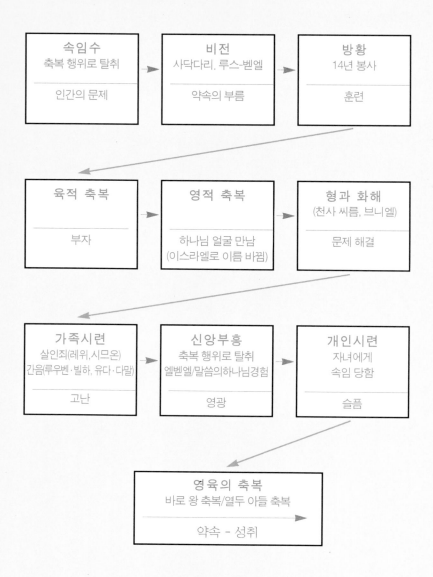

| 속임수
축복 행위로 탈취
—
인간의 문제 | → | 비전
사닥다리. 루스-벧엘
—
약속의 부름 | → | 방황
14년 봉사
—
훈련 |

| 육적 축복
—
부자 | → | 영적 축복
—
하나님 얼굴 만남
(이스라엘로 이름 바뀜) | → | 형과 화해
(천사 씨름, 브니엘)
—
문제 해결 |

| 가족시련
살인죄(레위,시므온)
간음(루우벤·빌하, 유다·다말)
—
고난 | → | 신앙부흥
축복 행위로 탈취
엘벧엘/말씀의하나님경험
—
영광 | → | 개인시련
자녀에게
속임 당함
—
슬픔 |

영육의 축복
바로 왕 축복/열두 아들 축복
—
약속 – 성취

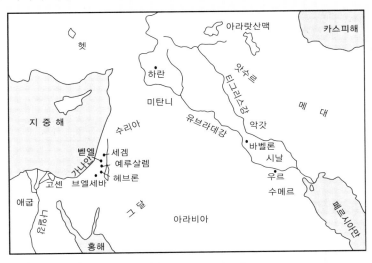

에서와 야곱의 출생

| 성경 본문 | 창세기 25:19~34

이삭이 결혼한 지 20년 만에 야곱과 에서가 출생합니다. 리브가의 복중에 잉태한 쌍둥이 형제 이야기는 오늘날 인간의 모습을 보여주는 좋은 예라 할 수 있습니다. 야곱과 에서 모두 동일하게 악한 인간의 속성을 가지고 있습니다. 어떤 면에서는 야곱이 더 욕심이 많은 죄악된 성격을 가지고 있습니다. 그럼에도 이미 태중에서 하나님이 야곱을 선택하시는 과정의 이야기는 행위가 아닌 믿음이 먼저요, 하나님이 인간의 삶을 주도하신다는 것을 보여주는 좋은 예입니다. 두 사람의 출생은 미래에 이스라엘과 에돔 민족 두 갈래 길의 시작입니다.

말씀의 살핌

1. 아브라함의 약속의 아들인 이삭의 이력에 대해서 말해 보십시오.(19~20)

2. 결혼한 지 20년이 되었음에도(20, 26) 이삭과 아내 리브가는 아들을 낳지 못하다가 누구의 기도로 자녀를 잉태하게 되었습니까?(21)

3. 리브가가 잉태한 아들은 쌍둥이였는데 태중에서 어떤 일이 일어났습니까? 이것에 대해서 리브가가 하나님께 가서 그 이유를 물었을 때 하나님은 무엇이라 답하셨습니까?(22~23)

4. 에서와 야곱이 태어나는 모습을 말해 보십시오.(24~26)

5. 장성한 에서와 야곱의 상황을 이야기해 보십시오.(27~28)

6. 어느 날 야곱이 죽을 쑤고 있었을 때 에서는 무엇을 요구했습니까?(29~30)

_____

_____

7. 야곱은 조건을 제시하면서 팥죽을 팔았는데 무엇을 제시했는지 말해 보십시오.(31~33)

_____

_____

8. 왜 에서가 팥죽 한 그릇에 자기의 장자 명분을 팔았습니까?(34)

_____

_____

말씀의
깨달음

1. 이삭이 40세의 늦은 나이에 결혼했음에도 20년 동안이나 아이를 갖지 못했습니다. 그때 심정을 말해 보십시오. 또 어떤 기도를 했을지 이야기해 보고 기도를 통하여 아이를 잉태했을 때의 기분을 아울러 말해 보십시오. 또 이와 같은 경험을 한 성경인물을 말해 보십시오.(참고, 창 11:30; 삼상 1:2; 눅 1:7)

_____

_____

2. 이미 태중에 있을 때부터 야곱과 에서의 삶을 향하신 하나님의 섭리가 정해진 것은 우리에게 어떤 의미가 있습니까?

또 태어날 때 야곱이 에서의 발꿈치를 잡고 태어난 것은 형을 밀쳐내고 미리 나오려는 야곱의 성격과 일생을 미리 보는 것 같습니다. 이것은 팥죽을 파는 일에서 그대로 나타납니다. 이렇게 야곱이 남보다 더 앞서 나가려는 속임수에 능한 악한 성격을 가졌음에도 그를 하나님이 선택한 것은 우리에게 어떤 의미가 있습니까?

3. 에서가 팥죽 한 그릇에 자기의 장자 명분을 판 과정을 통하여 그의 행동의 어떤 부분이 인간적이고 육신적인지를 찾아보십시오.(붉은 것을 내가 먹게 하라(30절), 내가 죽게 되었느니 내게 무엇이 유익하리요(32절))

Tip 에서는 육신의 사람입니다. 당장 배가 고파서 죽게 된 상황을 이기지 못하고 중요한 장자의 명분을 팔았습니다. 장자의 명분보다 당장의 이익을 중요하게 여긴 것입니다. 성경은 에서가 장자의 명분을 소홀히 여겼다고 말합니다. 배를 신으로 섬기는 사람들이 많습니다. 에서는 먹고 마시는 것에만 관심이 있는 육신적인 사람의 모델입니다.

말씀의
실천

1. 오늘 말씀을 통해 깨달은 영적교훈과 붙잡아야 할 약속의 말씀은 무엇입니까?

_____

_____

2. 오늘 말씀을 통해 실천에 옮겨야 할 내용과 한 주간 실천계획을 세워 보십시오.

_____

_____

3. 오늘 말씀을 통해 얻은 각오와 신앙의 결단을 말해 보십시오.

_____

_____

4. 오늘 이 시간 내가 드려야 할 기도는 무엇입니까?(기도 제목을 놓고 각자 기도한다)

_____

_____

내가 깨달은 영적 교훈과 삶의 적용

SCENE 2

아버지와 닮은 실수

| 성경 본문 | 창세기 26:1~11

본문은 이삭이 그랄에 거하면서 아비멜렉과의 사이에서 벌어진 일을 그리고 있습니다. 26장에서 이삭이 자기 아내를 누이라고 속인 것(창 20:2)과 이삭이 우물을 판 일과 이삭과 아비멜렉이 브엘세바에서 서약한 일(창 21:23~33)들은 아브라함과 아비멜렉 간의 기사와(창 20장) 통하는 점이 많습니다. 이삭의 부정적인 면과 긍정적인 면을 함께 보면서 그리스도인인 우리에게도 역시 동일하게 나타나는 선과 유전적인 악을 살펴 볼 수 있는 기회가 됩니다.

말씀의
살핌

1. 이스라엘 땅에 흉년이 들자 이삭은 어디로 갔습니까?(1)

2. 하나님은 이삭에게 나타나셔서 무엇을 명하셨습니까?(2~5)

3. 이삭이 그랄(가데스와 술 중간 사이로 가나안 땅으로 취급하지 않을까 추정된다)에 거할 때 거기서 무슨 일이 일어났습니까?(6~7)

4. 이삭이 자기 아내를 껴안은("희롱함"(21:9)과 같은 낱말) 것을 보고 블레셋 왕 아비멜렉이 이삭을 불러 무엇이라 책망했으며 이에 대한 이삭의 답변은 무엇입니까?(8~10)

5. 아비멜렉이 이삭에 대한 일로 모든 백성에게 무엇이라 명했습니까?(11)

말씀의
깨달음

1. 우리가 하나님의 축복을 받는 것은 무엇에 근거한 것입니까?(아브라함과 연관하여)(5절)

_____

Tip 이삭이 복을 받은 것은 이삭의 아버지인 아브라함이 하나님의 말씀을 듣고 순종했기 때문입니다. 그 복이 이삭에게도 이어졌습니다. 후에 이삭이 백 배의 축복을 받은 것은 전적으로 아버지의 약속에 근거한 것이었습니다. 아브라함은 자식에게 큰 복을 남기고 떠났습니다.

2. 죄와 실수는 유전되고 반복됩니다. 이삭이 아버지 아브라함과 같은 실수를 범하는 장면을 보고 깨닫는 점은 무엇입니까?(참고, 창 12:10~20, 20:1~18)

_____

Tip 이삭은 아버지의 믿음으로 인하여 하나님이 주시는 좋은 복을 받았습니다. 그러나 아버지의 나쁜 것도 물려받았습니다. 죄의 유전을 보여주는 장면입니다. 아담의 죄악된 성품이 우리에게도 전해졌듯이 아브라함의 죄악이 이삭에게 나타나는 것은 이상한 일이 아닙니다. 우리 안에는 선과 악 두 가지가 공존합니다.

3. 이방 사람 아비멜렉을 통하여 하나님은 이삭을 책망하고 하나님의 자녀인 이삭은 궁색한 변명으로 자기를 변호했습니다. 이것을 통해 느끼는 점은 무엇입니까? 아비멜렉이 백성 중 하나가 혹시라도 이삭의 이런 행동 때문에 범죄하는 일이 생겼을 뻔했다는 이야기를 하는데 이를 통해 얻는 교훈은 무엇입니까?

(이것은 한 사람의 범죄가 온 백성에게 미치고 또 죄를 짓게 하는 것도 큰 죄악이라는 것을 의미한다. 참고, 롬 5:17~18)

이삭의 잘못은 단순히 한 개인의 잘못이 아닌 하나님의 약속과 관계가 있고 다른 민족과도 연관이 있습니다. 아비멜렉이 이삭 때문에 큰 어려움을 당할 뻔했습니다. 하나님의 사람이 얼마나 중요한지를 보여주는 장면입니다. 교회와 그리스도인이 자기 위치를 지키지 못하면 다른 사람이 고난을 당합니다. 나 혼자만 생각하면 안 됩니다. 그리스도인은 하나님의 제사장적인 사명이 있습니다.

말씀의 실천

1. 오늘 말씀을 통해 깨달은 영적교훈과 붙잡아야 할 약속의 말씀은 무엇입니까?

2. 오늘 말씀을 통해 실천에 옮겨야 할 내용과 한 주간 실천계획을 세워 보십시오.

3. 오늘 말씀을 통해 얻은 각오와 신앙의 결단을 말해 보십시오.

4. 오늘 이 시간 내가 드려야 할 기도는 무엇입니까?(기도 제목을 놓고 각자 기도한다)

_____

_____

 내가 깨달은 영적 교훈과 삶의 적용

하나님이 함께 하시는 이삭

| 성경 본문 | 창세기 26:12~33

모든 것은 하나님으로부터 옵니다. 이삭의 번성과 축복은 전적으로 하나님으로 말미암은 것입니다. 잠깐 누리는 유익보다 화평과 덕을 세우면서 관계를 소중하게 여겼던 이삭은 우리가 본받아야 할 모델입니다. 이런 이삭에게 하나님은 놀라운 복을 주셨습니다. 물질은 인간이 따라다니면 오지 않습니다. 그러나 하나님이 주시고자 하면 순식간에 복을 받습니다. 하나님의 의와 영광을 위해 자기를 포기하는 양보의 모습이야말로 하나님의 축복을 받는 비결 중에 비결입니다.

말씀의 살핌

1. 이삭은 그랄 땅에서 어떤 축복을 받았습니까?(12~13)

2. 블레셋 사람들이 이삭을 시기했는데 그 이유는 무엇입니까? 그 결과로 어떤 일이 일어났습니까?(14~16)

3. 이삭이 그곳을 떠나 그랄 골짜기에서 무엇을 했습니까?(17~19)

4. 그랄 목자와 이삭의 목자들 사이에 어떤 일이 일어났습니까?(20~21)

5. 이삭은 다툼을 끝내기 위해 다른 곳으로 옮겨 우물을 팠는데 이 가운데 일어난 일을 말해 보십시오.(22~25)

6. 아비멜렉이 친구 아훗삿과 군대장관 비골과 함께 그랄에서부터 이삭을 찾아와 한 말을 정리해 보십시오.(26~29)

7. 이삭은 그들을 위하여 무엇을 했습니까?(30~31)

8. 아비멜렉이 떠난 후에 이삭에게는 어떤 일이 일어났습니까?(32~33)

1. 하나님의 은혜로 물질의 복을 백 배나 받고 거부가 된 이삭을 통해서 얻은 결론을 말해 보십시오.

Tip 이삭은 아브라함의 복을 대대로 이어주는 역할을 하는 연결고리 같은 사람입니다. 이삭이 큰 복을 받은 것은 단순히 이삭만을 위한 것이 아닌 하나님의 약속을 이루는 것과 관련이 있습니다. 이삭이 잘해서라기보다는 아버지와 맺은 하나님의 약속에 대한 성취로 이루어진 것입니다. 약속을 붙잡은 사람에게 주어지는 복입니다. 믿음의 사람은 아브라함과 함께 복을 받는다는 것이 이런 의미입니다.

2. 이삭은 아버지 아브라함처럼 양보하여 서로 다투지 않고 손해를 보면서도 덕을 세우며 화합하는 일에 우선순위를 두었습니다. 계속 양보하며 장소를 이동하는 가운데서도 하나님이 여전히 축복해 주시는 이삭의 모습을 통해 발견할 수 있는 성경적인 물질관과 축복관을 말해 보십시오.

Tip 아브라함이 롯에게 양보하면서 믿음의 모습을 보였듯이 이삭도 샘을 양보하면서 나중에 르호봇이라는 큰 것을 얻었습니다. 다투는 것보다 화해하는 것이 중요하고 물질보다는 사람이 더 중요합니다. 그러나 우리는 물질을 얻기 위해서 사람을 버리고 화해보다는 다투는 것을 더 좋아합니다. 인간의 이기심 때문입니다. 축복은 인간의 노력으로 되는 것이 아닙니다. 전적으로 하나님의 도우심이 있어야 합니다. 믿음은 이것을 고백하면서 하나님의 손길을 기다리는 것입니다.

3. 나중에 아비멜렉이 자기의 잘못을 깨닫고 이삭을 친히 찾아와서 계약을 체결합니다. 이삭에게 찾아 온 이유를 말하는 장면인 "여호와께서 너와 함께 계심을 우리가 분명히 보았으므로"(28절)라는 말을 통하여 도전 받는 점은 무엇입니까?

Tip 이삭의 믿음은 이웃에게도 칭찬 받는 믿음이었습니다. 믿음은 생활 속에서 나타나야 합니다. 하나님이 나에게만 보여지면 안 되고 나를 통하여 이웃에게도 보여져야 합니다. 하나님이 함께하시는 사람이라는 것을 다른 사람이 느끼게 될 때 믿음은 행위로 증명되는 것입니다.

4. 자기를 미워하고 피해를 준 아비멜렉을 용납하고 받아들인 후에 하나님께서는 즉시 목자들을 통하여 복을 주셨습니다. 이 모습을 보면서 얻은 영적 교훈을 말해 보십시오. (참고, 잠 16:7)

Tip 선으로 악을 이기는 것이 그리스도인의 삶입니다. 선을 베풀고 하나님의 나라와 의를 먼저 구하면 이 모든 것을 더해 주시는 분이 하나님이십니다. 하나님의 존재를 믿는다면 우리는 당장 손해를 보더라도 그것에 더 비중을 두면서 살아가야 합니다.

말씀의 실천

1. 오늘 말씀을 통해 깨달은 영적교훈과 붙잡아야 할 약속의 말씀은 무엇입니까?

2. 오늘 말씀을 통해 실천에 옮겨야 할 내용과 한 주간 실천계획을 세워 보십시오.

3. 오늘 말씀을 통해 얻은 각오와 신앙의 결단을 말해 보십시오.

4. 오늘 이 시간 내가 드려야 할 기도는 무엇입니까?(기도 제목을 놓고 각자 기도한다)

SCENE 4

속이는 야곱

성경 본문 | 창세기 26:34~27:29

야곱은 어머니 리브가의 도움으로 아버지의 눈을 속여 에서가 받을 축복을 빼앗습니다. 하나님께 맡기기보다는 인간적인 힘으로 하나님의 복을 얻으려는 문제점을 보여주고 있습니다. 본문은 가족들의 인간적인 성격을 대조적으로 나타내고 있습니다. 실명하여 무분별한 이삭, 강한 성격과 욕심이 많은 리브가, 허술하며 절망하는 인간적인 에서, 야망적이고 교활하며 속이는 야곱의 모습은 인간의 연약한 유형들을 그대로 보여주고 있습니다.

1. 이삭이(지금 이삭의 나이는 100세) 나이 사십 세에 결혼했던 것처럼 아들 에서 역시 같은 나이에 결혼을 하게 되었습니다. 그는 결혼을 어떻게 했습니까? 에서의 일로 이삭과 리브가는 어떻게 했습니까?(34~35)

_____

_____

2. 137세 노인이 된 이삭의 현재의 상태를 말해 보십시오.(실제 죽은 나이는 180세(창 35:28))(1~2)

_____

_____

3. 이삭은 맏아들 에서에게 무엇을 부탁했습니까?(3~4)

_____

_____

4. 이삭이 에서에게 말할 때 리브가가 엿듣고 어떤 일을 꾸몄습니까?(5~10)

_____

_____

5. 야곱이 어머니 리브가의 말을 듣고 그 계략의 어떤 문제점을 제기했습니까?(11~12)

_____

_____

6. 리브가는 이 문제에 대해 어떻게 조치했습니까?(13~17)

7. 모든 준비를 마친 야곱은 아버지에게 나아가 어떻게 했습니까?
(14~19)

8. 이삭이 이상하게 여기면서 어떻게 빨리 사냥을 했느냐고 묻자 야곱
은 어떤 거짓말을 했습니까?(20)

9. 이삭은 야곱의 음성인 것을 이상하게 여기면서도 결국 무엇 때문에
분별치 못하고 속아 넘어갔습니까?(21~26)

10. 이삭이 아들 야곱에게 무엇이라 축복했는지 말해 보십시오.(27~29)

말씀의 깨달음

1. 왜 이삭은 자기의 죽음을 준비하면서 약속의 아들인 야곱이 아닌 에서를 불러 축복하려 했습니까? 아울러 어머니 리브가는 이전에 하나님이 주신 약속을 믿지 못하고 왜 억지로 인간적인 계략을 사용했습니까?(참고, 창 25:23)

Tip 이삭은 에서를, 리브가는 야곱을 편애했습니다. 그것은 하나님의 약속에 근거하기보다는 자기의 성향이나 편의로 했지 않았나 싶습니다. 인간적인 감정이나 편견으로 보기보다는 하나님의 뜻에 따르는 자세가 필요합니다. 리브가가 야곱이 하나님의 선택하심을 입은 사람임을 알았음에도 이렇게 속임수를 쓴 것은 인간적인 생각이 앞섰기 때문입니다.

2. 야곱은 어머니 리브가의 잘못된 제안에 동의하면서 죄에 동참합니다. 한 번의 거짓말은 계속 거짓말을 하게 합니다. 거짓말을 계속하는 과정을 통하여 나타난 문제점을 말해 보십시오.(참고, 창 27:19)

Tip 야곱은 스스로 결정할 수 있는 믿음이 아직 형성되어 있지 않았습니다. 나이 40이 다 되었지만 아직 어머니 치마 속에서 자란 유아기적 신앙을 봅니다. 잘못된 것임에도 그것을 거부하지 못하고 어머니의 요구에 따르는 야곱에게는 마음의 훈련이 필요합니다. 그래서 하나님은 야곱에게 훈련의 시간을 주셨습니다.

3. 한 번 축복한 복은 다른 사람에게 옮길 수 없다는 것이 히브리인의 개념입니다. 한 번 축복하면 축복한 말은 돌이키지 못합니다. 비록 속임수로 했다 해도 이미 이뤄진 일은 변경할 수 없습니다. 이삭과 야곱 모두가 실수했지만 그 실수가 결국은 하나님의 예정을 성취시킨 결과를 낳았습니다. 이것을 통하여 발견되는 하나님의 섭리를 말해 보십시오.

Tip 이삭은 에서를 축복하려 했지만 눈이 멀어서 결국 하나님이 약속하신 야곱을 축복하게 됩니다. 이것은 인간의 실수입니다. 그럼에도 궁극적으로 보면 하나님의 뜻이 성취되었습니다. 아무리 인간이 노력해도 우리는 하나님의 뜻을 거스를 수 없습니다. 결국은 하나님이 원하시는 대로 가게 되어 있습니다. 거부할수록 더 힘들어집니다. 빨리 하나님께 순종하는 것이 현명합니다.

말씀의
실천

1. 오늘 말씀을 통해 깨달은 영적교훈과 붙잡아야 할 약속의 말씀은 무엇입니까?

2. 오늘 말씀을 통해 실천에 옮겨야 할 내용과 한 주간 실천계획을 세워 보십시오.

3. 오늘 말씀을 통해 얻은 각오와 신앙의 결단을 말해 보십시오.

4. 오늘 이 시간 내가 드려야 할 기도는 무엇입니까?(기도 제목을 놓고 각자 기도한다)

_____

_____

 내가 깨달은 영적 교훈과 삶의 적용

분노하며 죽이려 하는 에서

| 성경 본문 | 창세기 27:30~45

우리는 에서를 통하여 하나님 없는 악한 사람의 전형적인 모습을 보게 됩니다. 엄밀히 말하면 일차적인 책임은 에서 자신에게 있음에도 그것을 깨닫지 못하고 야곱을 증오하여 그를 죽이려고 합니다. 이러한 행동은 인간의 교만한 모습과 일치합니다. 자기도 모르게 계속 악에 끌려가는 에서의 모습은 처절하기까지 한 불행한 모습입니다.

1. 이삭이 야곱에게 축복을 마치자 돌아온 에서의 모습은 어떠했는지 말해 보십시오.(30~31)

_____

_____

2. 에서는 동생 야곱이 축복을 가로챈 것을 알고서 어떻게 했습니까?(32~38)

_____

_____

3. 이삭은 에서가 무엇이라도 좋으니 한마디 축복이라도 달라는 말에 에서의 자손의 운명을 예언하는데 그 내용을 말해 보십시오.(39~40)

_____

_____

4. 에서는 왜 야곱을 미워했으며 결국 어떻게 하기로 마음에 작정했습니까?(41)

_____

_____

5. 리브가는 야곱을 죽이겠다는 에서의 말을 듣고 어떤 조치를 취했습니까?(42~43)

_____

6. 리브가는 야곱을 얼마동안 있게 하겠다고 말하면서 야곱을 삼촌 집에 보냈습니까?(44~45)

1. 에서는 자기가 이전에 장자의 명분을 소홀히 여기고 우습게 생각하면서 장자의 명분을 판 것은 생각하지 않고 지금은 장자라고 주장하면서 장자의 축복을 받으려고 합니다. 눈물로 하나님의 축복을 받으려고 애를 쓰지만 결국 하나님의 저주만 임하게 됩니다. 결국 이것은 야곱을 죽이려는 마음을 갖게 하는 결과가 되었습니다. 자기 자신의 죄는 생각지 않고 다른 사람의 잘못만 생각하는 인간의 본성을 드러내고 있습니다. 이것을 통한 영적 교훈을 말해 보십시오.(참고, 히 12:17)

Tip 인간은 자기의 잘못보다는 다른 사람의 잘못에 더 민감합니다. 다른 사람의 잘못을 생각하기 전에 나의 잘못을 돌아보는 지혜가 있어야 합니다. 중요한 것은 다른 사람이 아닌 나입니다. 자칫하면 내가 다른 사람 때문에 죄를 지을 수 있습니다.

2. 억지로 에서를 축복하려는 이삭을 바꾸어 엉겁결에 야곱에게 축복하게 한 것은 결코 우연의 일이 아닙니다. 인간의 악함(에서)과 속임수(야곱)와 약속에 대한 불신앙(리브가)과 분별력 없는 행동(이삭)을 통하여 궁극적으로는 인간의 뜻이 아닌 하나님의 방향으로 인도하시는 과정을

봅니다. 하나님의 약속에 대한 우리의 이해를 말해 보십시오.

_____

_____

Tip 인간의 속임수와 계략에 의해 무언가 이루어질 것 같지만 결국은 하나님의 선하신
방법에 따라 진행되는 것이 인간사입니다. 모든 것을 사용하여 합력하여 선을 이루
십니다.

3. 하나님의 약속을 들었던 리브가가 하나님의 약속에 근거하기보다는
인간적인 생각으로 작은 아들 야곱을 살리기 위해 라반의 집에 잠시 동
안 피신하는 인간적인 계획을 세우게 됩니다. 그 과정 중에 리브가가
한 말 가운데서 인간적인 어리석음에 대한 내용을 찾아보고 그것이 주
는 도전을 말해 보십시오.(참고, 44, 45절)

_____

_____

Tip 리브가는 아들 야곱을 잠시 동안 처가 집에 피신시킨다고 생각하며 아들을 위로했습
니다. 그러나 리브가는 자기가 한 말의 의미도 몰랐습니다. 잠시가 20년이 넘는 시간
이 되고 말았습니다. 이것이 하나님이 하시는 일이라고 믿으면 하나님의 뜻대로 될
것이라고 말했어야 합니다. 그러나 리브가는 당장 눈앞에 닥친 가정의 어려움으로만
보았지 그 뒤에 역사하시는 하나님의 손길에는 무지했습니다.

말씀의
실천

1. 오늘 말씀을 통해 깨달은 영적교훈과 붙잡아야 할 약속의 말씀은 무
엇입니까?

_____

_____

2. 오늘 말씀을 통해 실천에 옮겨야 할 내용과 한 주간 실천계획을 세워 보십시오.

_____

_____

3. 오늘 말씀을 통해 얻은 각오와 신앙의 결단을 말해 보십시오.

_____

_____

4. 오늘 이 시간 내가 드려야 할 기도는 무엇입니까?(기도 제목을 놓고 각자 기도한다)

_____

_____

 내가 깨달은 영적 교훈과 삶의 적용

SCENE 6

야곱의 독립선언

| 성경 본문 | 창세기 27:46~28:22

야곱은 이스라엘의 열두 아들을 배출한 중요한 인물이며 이스라엘의 실제적인 기원이 되는 사람입니다. 야곱은 많은 문제를 안고 있습니다. 그런 사람이 어떻게 하나님의 사람으로 변화되는가 하는 것은 흥미 있는 일입니다. 야곱은 파란만장한 인생을 보내지만 결국은 승리를 맛보면서 이스라엘 민족의 뿌리로서 든든히 서가게 됩니다. 그동안 어머니 리브가의 치마 속에서 지내던 40세의 연약한 사람이 드디어 홀로서기를 하는 이야기는 우리에게 가르치는 바가 큽니다. 야곱은 우리에게 동일하게 내재해 있는 죄악된 성품을 생각하게 하는 모델입니다.

1. 리브가는 야곱을 보내면서 무엇을 걱정했으며 이삭은 아들 야곱을 어떻게 보내었는지 이야기해 보십시오.(27:46~28:5)

2. 이삭이 야곱을 보낸 곳은 어디입니까?(5)

3. 에서가 이삭이 야곱을 축복하고 보내는 것을 보고 아버지의 축복을 받지 못한 원인을 누구에게 두었습니까? 그리고 취한 행동을 말해 보십시오.(6~9)

4. 야곱은 하란으로 가다가 한곳에서 머물렀는데 그곳에서 일어난 일을 말해 보십시오.(10~15)

5. 야곱이 잠에서 깨어나서 한 하나님에 대한 고백을 말해 보십시오.(16~17)

6. 하나님에 대한 고백대로 야곱은 아침에 일어나서 무엇을 했습니까?(18~19)

_____

_____

7. 야곱이 하나님께 서원한 내용은 무엇입니까?(20~22)

_____

_____

말씀의
깨달음

1. 야곱은 아버지의 축복을 받고 새로운 지역으로 떠납니다. 이때 이삭은 야곱에게 이방인의 딸을 취하지 말라고 당부하고 야곱은 아브라함에게 허락하신 복을 얻기를 구합니다. 그러나 에서는 이 일을 계기로 자신이 축복받지 못한 것이 자기 아내 때문이라고 남의 탓을 합니다. 그리고 이방 여자와 결혼하면서 점점 더 죄악의 늪에 빠져들어 가게 됩니다. 이것을 통해 느낀 점을 말해 보십시오.

_____

Tip 축복에서 제외된 사람의 특징은 모든 책임을 다른 사람에게 돌린다는 것입니다. 에서는 자기가 장자의 명분을 소홀히 해서 생긴 일에 대해 회개하기보다는 모든 문제의 원인을 야곱에게 돌립니다. 그리고 아버지의 뜻과 달리 이방 여인과 결혼합니다. 결국 그것은 자기의 삶을 파멸로 이끄는 데 기여합니다. 스스로 자책하며 포기하는 것은 교만에서 나오는 것입니다. 그럴수록 회개하며 말씀에 순종해야 합니다.

2. 야곱은 집을 떠나서 홀로 외로운 여행을 하게 되는데 밤에 하나님을 꿈에서 만나고 새롭게 신앙이 성장하게 됩니다. 하나님은 야곱에게 나타나셔서 야곱을 약속의 후손으로 인정하고 하나님이 모든 길의 안전을 책임져 주신다는 것을 말씀을 통하여 확인해 줍니다. 이런 하나님과 만남으로 드디어 스스로 하나님을 예배하는 자로 성장하게 됩니다. 부모 신앙에서 자기 신앙으로 변화되는 순간입니다. 이것을 통해 참다운 신앙이란 무엇인지 말해 보십시오.

Tip 그동안 야곱은 어머니 품속에서 부모 신앙에 의해 성장했습니다. 자기 스스로 성장하는 기회를 갖지 못했습니다. 그러나 집을 떠난 지금이야말로 야곱이 스스로 설 수 있는 좋은 기회가 됩니다. 비록 쫓기는 처량한 신세지만 하나님을 만남으로 새로운 전환기를 맞이합니다. 체험적인 신앙을 가지지 못하면 온전한 신앙에 이를 수 없습니다.

3. 야곱이 하나님께 요구한 사항을 말해 보십시오(20~21절의 동사를 중심으로). 특히 광야 속에서 하나님의 임재를 느끼는 참된 예배자로서 거듭나는 과정은 우리에게 어떤 의미를 주고 있습니까?

Tip 하나님을 직접 경험하면서 야곱은 드디어 스스로 자발적인 예배를 드리는 예배자가 됩니다. 하나님의 임재를 느끼는 순간 우리는 하나님을 경외하게 되고 자신을 드리며 헌신하게 됩니다. 신앙은 하나님을 영으로 느껴야 합니다. 하나님 앞에 서 있는 자기의 작은 모습을 발견해야 합니다.

말씀의
실천

1. 오늘 말씀을 통해 깨달은 영적교훈과 붙잡아야 할 약속의 말씀은 무엇입니까?

2. 오늘 말씀을 통해 실천에 옮겨야 할 내용과 한 주간 실천계획을 세워보십시오.

3. 오늘 말씀을 통해 얻은 각오와 신앙의 결단을 말해 보십시오.

4. 오늘 이 시간 내가 드려야 할 기도는 무엇입니까?(기도 제목을 놓고 각자 기도한다)

SCENE 7

라헬과 만나는 야곱

| 성경 본문 | 창세기 29:1~20

창세기 29:1에 나오는 "발행하여"라는 말은 "발을 쳐든
다"라는 뜻으로 간밤에 꿈을 통하여 용기를 얻은 것을 묘
사하는 단어라 할 수 있습니다. 벧엘의 환상에서 용기를
새롭게 얻은 야곱은 하란에 이르고 거기서 외사촌인 라헬
을 만나게 됩니다. 여기서 야곱은 라헬과 혼자서 만나려
고 다른 목자들을 돌아가게 하려 하지만 뜻대로 안 됩니
다. 그리고 라헬을 사랑함으로 라헬을 위하여 7년 봉사를
기꺼이 수락합니다.

말씀의 살핌

1. 야곱은 동방의 땅에 이르러 우물에 도착하게 되는데 거기서 무엇을 찾게 됩니까?(1~5)

2. 우물가에서 이루어진 야곱과 라헬의 만남의 과정을 이야기해 보십시오.(6~12)

3. 야곱과 라반과의 만남의 과정을 말해 보십시오.(12~13)

4. 라반과 야곱은 얼마 동안 함께 거했습니까?(14)

5. 라반은 함께 거하면서 야곱과 라헬이 사랑하는 사이라는 것을 알고 무엇을 제의했습니까?(15)

6. 라반에게 있는 두 딸은 누구입니까? 또 야곱이 라헬을 얻기 위하여 무엇을 했습니까?(16~20)

_____

_____

_____

말씀의 깨달음

1. 야곱이 아내를 얻는 장면이 아버지 이삭이 아내를 얻는 장면과 비슷합니다. 야곱은 큰 힘의 소유자로 3~4인이 들어야 할 돌을 혼자서 들어 옮깁니다. 야곱은 물을 라반의 양떼에 먹이면서 특별한 인상을 갖게 합니다. 이때 처음으로 야곱과 라헬이 만나는데 그 마음이 어떠했을지 말해 보십시오.

_____

_____

Tip 야곱이 남자답게 적극적으로 나서서 봉사하는 행동은 당시에 멋있는 모습으로 기억되었을 것입니다. 라헬과 야곱의 만남은 앞으로 둘 사이가 어떻게 진행될 것을 암시하고 있습니다. 물가에서 자연스럽게 하나님이 선택한 가정인 라반의 식구를 만나는 장면은 이전에 이삭의 종이 리브가를 만나는 장면과 흡사합니다. 그리스도인은 하나님의 자연스러운 인도하심에 늘 주의를 기울여야 합니다.

2. 한 달 동안 라반이 야곱과 함께 거하면서 라반은 그를 사윗감으로 생각했고, 야곱은 라반의 집에 거하면서 점차 라헬을 사랑하게 되었을 것입니다. 야곱은 한 달 동안 무보수로 일했고, 라반이 야곱에게 품삯을 주겠다고 하자 야곱은 신부의 몸값으로 7년 동안 일하면서 그 값을 치르겠다고 말합니다. 7년간 노동한 액수는 대단했을 것입니다. 이것을 통해 발견되는 라반의 성격과 야곱의 품성을 말해 보십시오.

Tip 라반은 상당히 계산적이고 사업 수완에 능한 사람입니다. 야곱은 자기보다 더 큰 계략꾼을 만납니다. 아내를 얻기 위해 자기의 모든 수고를 바치는 야곱의 사랑은 대단합니다. 하나님은 이런 과정을 통하여 야곱을 훈련시키십니다. 라반의 집은 야곱을 영적으로 훈련하고 미래의 이스라엘 나라를 만드는 기초의 자리입니다. 앞으로 하나님이 나를 어떻게 인도할지 모릅니다. 그런 이유로 우리는 더욱더 오늘 일에 충실해야 합니다.

3. 라헬을 위하여 "칠 년 동안 라반을 섬겼으나 칠 년을 며칠같이 여겼다"는 말의 의미를 말해 보십시오.

Tip 칠 년을 며칠같이 여긴 것은 사랑 때문이었습니다. 사랑의 힘으로 길고 긴 칠 년을 며칠같이 살았습니다. 사랑하는 마음이 있었기에 힘들지 않았고 사랑하는 라헬을 얻기 위하여 자기의 수고를 마다하지 않았습니다. 이것은 야곱의 강점입니다. 이루고자 하는 집념이 대단했습니다. 인내와 의지력에 박수를 보냅니다. 그러나 그것이 또한 하나님의 뜻을 이루는 데 걸림돌이 될 수도 있음을 기억해야 합니다.

말씀의 실천

1. 오늘 말씀을 통해 깨달은 영적교훈과 붙잡아야 할 약속의 말씀은 무엇입니까?

2. 오늘 말씀을 통해 실천에 옮겨야 할 내용과 한 주간 실천계획을 세워 보십시오.

3. 오늘 말씀을 통해 얻은 각오와 신앙의 결단을 말해 보십시오.

4. 오늘 이 시간 내가 드려야 할 기도는 무엇입니까?(기도 제목을 놓고 각자 기도한다)

내가 깨달은 영적 교훈과 삶의 적용

SCENE 8

속아 넘어가는 야곱

| 성경 본문 | 창세기 29:21~35

야곱은 자신보다 더 잘 속이는 라반을 만나 14년 동안 톡톡히 쓴 훈련을 받게 됩니다. 하나님께서는 14년 동안 참고 기다리면서 얻은 사랑하는 라헬보다는 레아에게 먼저 태를 여셨고 라헬은 무자하게 하면서 야곱의 의지와 생각을 철저히 죽게 했습니다. 그리스도의 약속의 계보도 야곱이 사랑하는 라헬의 아들이 아닌 레아의 아들인 유다로 이어지게 되는 것은 철저히 야곱의 자기의지를 꺾기 위한 하나님의 행동입니다. 야곱에게는 자기가 아닌 오직 하나님만 의뢰하는 믿음의 훈련 과정임을 알 수 있습니다.

말씀의
살핌

1. 야곱은 7년의 기간이 다 찬 후에 라헬을 아내로 달라고 합니다. 야곱이 아닌 라반이 사람을 모아 결혼잔치를 하고 저녁에 누구를 들여보냅니까?(22~24)

(신부는 면박을 쓰고 신랑에게 들어갔기 때문에 얼굴을 볼 수 없었습니다. 동침하기 전에는 얼굴을 볼 수 없는 것이 그 당시 풍습이었습니다.)

2. 아침에 야곱은 라반에게 어떻게 항의했습니까?(25)

3. 삼촌 라반은 이것에 대해 어떻게 변명을 합니까? 아울러 어떤 해결책을 야곱에게 제시합니까?(26~27)

4. 야곱이 어떻게 하여 라헬을 자기 아내로 얻게 되는지 그 과정을 말해 보십시오. (28~30)

5. 하나님은 누구에게 아들을 주셨습니까? 그 이유는 무엇입니까?(31)

_____

_____

6. 레아가 난 네 아들은 누구입니까? 그 이름의 뜻을 함께 말해 보십시오.(32~35)

_____

_____

7. 레아가 유다를 낳고 어떤 일이 벌어졌습니까?(오직 하나님의 은혜로 돌리기 위하여)(35)

_____

_____

말씀의
깨달음

1. 결혼 잔치는 신랑이 여는 것이었으나 여기서는 라반이 잔치를 열었습니다. 그리고 동침하기 전에는 신부의 얼굴을 볼 수 없는 점을 악용하여 레아를 들여보내고 라헬을 위하여 다시 7년간 일을 하게 했습니다. 이렇게 한 것은 이 지방의 풍습이라고 대답하면서 합리화했으나 그렇다면 사전에 야곱에게 말을 했어야 옳은 일이었습니다. 형을 감쪽같이 속였던 야곱이 더 간교한 라반에게 당하게 되는 결과를 맞이했습니다. 이것을 통해 야곱에 대한 하나님의 섭리는 무엇이라고 봅니까?

(야곱을 속여 14년 동안의 품삯을 거저 받아냈지만 후에 라반은 그 보복을 받게 됩니다. 마치 야곱이 형을 속였다가 나중에 라반에게 보복을 당하는 것처럼 말입니다.)

Tip 속이는 자인 야곱이 한순간에 무너지는 순간입니다. 형 에서를 감쪽같이 속이면서 장자권을 얻어 냈던 야곱이 이렇게 라반에게 당할 줄은 생각도 못했을 것입니다. "기는 놈 위에 나는 놈이 있다"는 속담처럼 지금 야곱의 상황이 이렇습니다. 하나님 은 속이는 라반을 통하여 야곱 스스로를 깨닫게 합니다. 라반도 나중에는 야곱에게 속임을 당합니다. 속고 속이는 모습입니다. 속여서 얻어 낼 것은 없습니다. 당장은 얻지만 나중에는 더 크게 손해를 봅니다. 진실하게 살아야 합니다.

2. 하나님께서 레아에게 아이를 잉태하게 하고 야곱이 사랑하는 라헬 은 무자하게 만든 것을 통해 발견되는 하나님의 의도를 말해 보십시오.
(레아를 통하여 메시아 조상인 유다가 탄생하고, 막벨라 굴에 레아도 함께 묻힌다(창 49:31). 참고, 삼상 1:2)

Tip 어쩌면 하나님의 의도는 레아를 야곱의 아내로 세우는 것이었는지도 모릅니다. 레아 에게서 유다가 나옵니다. 그렇게 사랑한 라헬에게서 요셉과 베냐민이 나옵니다. 그 러나 약속을 잇는 중심 지파는 되지 못합니다. 그리스도인은 자기가 원하는 것보다 는 하나님이 무엇을 원하시는가를 보면서 살아야 합니다.

3. 레아가 난 네 아들의 이름을 보면 그 나름대로 영적 의미를 지니고 있음을 알 수 있습니다. 르우벤은 '보라 아들이라', 시므온은 '들으심' 이고 레위는 '연합'이며 유다는 '찬송함'이란 뜻입니다. 이것은 신앙 의 네 단계를 상징적으로 말해 주고 있는데 그 내용을 말해 보십시오.

1) 1단계: 하나님의 감찰을 발견하는 단계

2) 2단계: 하나님께 드린 기도의 응답을 확신하는 단계

3) 3단계: 영적인 남편인 그리스도와 연합하는 단계

4) 4단계: 하나님께 맡기고 오직 주님을 찬양하는 단계

Tip 레아는 야곱에게 무시를 당하지만 하나님께 은혜를 입어 하나님 앞으로 점점 나아가
게 됩니다. 야곱의 사랑을 받지 못함을 인하여 동생 라헬보다 더 큰 축복을 받아 아들
을 많이 낳게 됩니다. 하나님은 오히려 레아에게 은혜를 주십니다. 하나님의 섭리와
인간의 생각은 다릅니다.

1. 오늘 말씀을 통해 깨달은 영적교훈과 붙잡아야 할 약속의 말씀은 무
엇입니까?

2. 오늘 말씀을 통해 실천에 옮겨야 할 내용과 한 주간 실천계획을 세워
보십시오.

3. 오늘 말씀을 통해 얻은 각오와 신앙의 결단을 말해 보십시오.

4. 오늘 이 시간 내가 드려야 할 기도는 무엇입니까?(기도 제목을 놓고 각자 기도한다)

 내가 깨달은 영적 교훈과 삶의 적용

SCENE 9
시기하며 분열하는 야곱의 가정

| 성경 본문 | 창세기 30:1~24

야곱은 자기가 원하는 방향으로 일이 이루어지지 않게 됨을 가정에서 경험하게 됩니다. 라헬이 아이를 낳지 못하면서 점차 시기와 질투가 가정 안에 일어나게 되고 그것은 야곱의 가정을 복잡한 상황으로 몰고 가게 했습니다. 라헬만 얻으면 모든 것이 잘될 것이라는 생각은 더욱더 복잡하게 꼬여만 가고 시기와 다툼은 가정에 가득하게 됩니다. 여종들을 통해 아들을 낳는 것은 더욱더 문제를 부채질하는 계기가 되었습니다. 그러나 길게 보면 이렇게 하여 야곱은 열두 아들을 낳게 되었고, 이는 이스라엘의 지파를 형성하는 뿌리가 됩니다. 결국 하나님은 야곱을 통하여 이스라엘의 미래의 비전을 이루고 있습니다.

1. 라헬이 아이를 낳지 못하자 어떤 행동을 취하게 됩니까?(1)

2. 라헬은 야곱에게 어떻게 책망을 당합니까? 그 대안으로 야곱에게 무엇을 요구합니까?(2~3)

3. 야곱이 라헬의 요구대로 빌하와 동침하여 누구를 낳게 됩니까? 그 이름의 뜻을 통하여 당시 상황을 상상하며 말해 보십시오.(4~8)

4. 레아가 생산이 멈춤을 보고 경쟁심에서 라헬이 행한 것처럼 야곱에게 동일하게 요구한 것이 무엇입니까?(9~13)

5. 맥추기 5월경에 르우벤이 밖에 나가서 얻어 온 것은 무엇이며 그것을 누구에게 주었습니까? 그리고 이것을 욕심낸 사람은 누구입니까?(14)

6. 임신촉진제인 합환채를 라헬에게 주고 대신 레아는 무엇을 허락받았습니까?(15)

_____

_____

7. 레아가 야곱과 동침하여 낳은 아들들의 이름과 뜻을 말해 보십시오.(16~21)

_____

_____

8. 하나님은 후에 라헬의 기도를 들으시고 아들을 주셨는데 그의 이름은 무엇입니까?(22~24)

_____

_____

말씀의 깨달음

1. 라헬이 투기하며 남편 야곱에게 투정을 부리면서 분풀이하는 과정을 보면서 라헬의 성격과 인품이 어떠하다고 생각하는지 말해 보십시오.(참고, 창 31:19)

_____

_____

야곱과 마찬가지로 라헬은 언니를 시기하는 모습이 강했습니다. 얼굴은 예쁘지만 이기적이고 자기중심적인 라헬의 모습을 봅니다. 하나님이 은혜를 주셔야 아들을 얻을 수 있습니다. 자기 힘으로는 안 됩니다. 어려울 때 하나님 앞으로 나아가야 합니다. 그것이 신앙입니다.

2. 야곱의 가정은 아주 복잡해지게 됩니다. 자매간의 다툼이 결국 부부간의 다툼으로 이어지고 그것은 여종들과의 동침으로 이어지는 등 아주 혼란스럽고 영적이지 못한 모습이 됩니다. 죄 때문에 가정이 분열된 모습을 경험하면서 가장인 야곱은 당시에 무엇을 생각했을까요? 이것을 통해 하나님이 야곱에게 어떤 영적 훈련을 시키는지 말해 보십시오.

Tip 하나님의 뜻을 헤아리기보다는 자기 생각에 앞섰던 야곱은 가정이 어려움을 겪게 된 원인이 자기에게 있었음을 조금씩 알게 되었을 것입니다. 자기 힘으로도 어떻게 할 수 없이 문제가 번지는 야곱의 가정은 그야말로 복잡합니다. 시기와 질투가 아들들 사이에 번지면서 죄악들이 은밀하게 생기게 됩니다. 그럼에도 하나님은 그런 실수를 사용하여 이스라엘을 만드셨습니다. 그 은혜가 신비롭습니다.

3. 르우벤이 들에서 가져온 합환채(임신촉진제)를 두고 레아와 라헬이 서로 다투었는데 이것을 통해 나타난 두 자매의 영적 상태가 어떠한지 말해 보십시오.

Tip 하나님에게 의존하기보다는 인간적인 방법을 사용하는 레아와 라헬의 모습은 오늘 우리의 모습과 같습니다. 아들을 주시는 분은 하나님이신데 그것을 알지 못하고 합환채로 아들을 낳으려는 성숙하지 못한 믿음 없는 인간의 모습을 보게 됩니다.

말씀의
실천

1. 오늘 말씀을 통해 깨달은 영적교훈과 붙잡아야 할 약속의 말씀은 무엇입니까?

_____

_____

2. 오늘 말씀을 통해 실천에 옮겨야 할 내용과 한 주간 실천계획을 세워보십시오.

_____

_____

3. 오늘 말씀을 통해 얻은 각오와 신앙의 결단을 말해 보십시오.

_____

_____

4. 오늘 이 시간 내가 드려야 할 기도는 무엇입니까?(기도 제목을 놓고 각자 기도한다)

_____

내가 깨달은 영적 교훈과 삶의 적용

속인 야곱에게 속임당하는 라반

| 성경 본문 | 창세기 30:25~43

야곱은 두 아내를 얻기 위한 14년의 봉사를 끝낸 후에 장인 라반에게 가나안으로 돌아가겠다고 말합니다. 야곱 덕분에 복을 많이 받은 라반은 그를 더 붙잡아 두고 싶어서 야곱이 제시한 조건을 수락합니다. 그러나 그것이 결국 라반의 욕심의 끝이 되고 야곱에게 많은 것을 얻게 함으로 서로 속고 속이는 불행이 계속됩니다. 야곱의 계략이 탁월하게 나타나는 장면으로 아직 야곱의 자아가 깨지지 못한 모습을 볼 수 있습니다.

1. 라헬이 요셉을 낳은 때에 야곱은 라반에게 무엇을 요구했습니까?(25~26)

2. 라반이 야곱과 같이 있으므로 깨달은 사실은 무엇입니까?(27)

3. 라반이 그동안 일한 대가를 정하면 그것에 따른 값을 지불하겠다고 말하는 것에 대해서 야곱은 어떤 방법을 제시합니까?(28~34)

4. 야곱은 라반의 허락을 받아 변종인 얼룩무늬가 있는 숫염소와 점 있는 암염소를 일차적으로 구별하여 어떻게 했습니까?(35~36)

5. 야곱은 남은 양떼를 치는 일을 6년 더 합니다. 그 기간 동안에 야곱이 한 일은 무엇이며 그 결과는 무엇인지 말해 보십시오.(37~42)

6. 결국 야곱은 이 일 때문에 어떻게 되었습니까?(43)

_____

_____

_____

말씀의 깨달음

1. 아브라함부터 시작하여 이삭, 야곱과 요셉에 이르기까지 계속 이어 지는 공통적인 특징 하나는 복의 근원이 되게 한다는 말씀입니다. 아 브라함과 이삭과 야곱과 요셉 때문에 주위 사람들이 복을 받게 됩니 다. 라반이 복을 받는 것도 결국은 야곱 때문이라고 라반이 고백합니 다. 라반은 우상 숭배자로서 하나님을 섬기는 일에 충실하지 않았습니 다(창 31:19). 이것을 통해 하나님의 자녀에게 주시는 특권들을 말해 보십시오.

_____

_____

Tip 하나님은 언제나 하나님의 사람을 통하여 역사를 진행하십니다. 하나님은 복의 근원 이 되는 야곱을 통하여 라반에게 복을 주십니다. 믿음의 사람이 있느냐에 따라 공동 체의 복이 결정됩니다. 하나님의 특권에는 인간이 생각하는 그 이상의 놀라운 일이 있습니다.

2. 야곱의 제안은 라반의 입장에서 보면 아주 쉽고 문제가 되지 않았습니다. 그래서 허락했는데 이것의 결과는 참담할 정도로 충격이었습니다. 야곱은 나름대로 계략을 가지고 이런 제안을 했고, 라반은 그 속임수에 당했습니다. 자기 이득을 위해 서로를 이용하고 있는 라반과 야곱의 모습에서 발견되는 영적진리를 말해 보십시오.

Tip 속고 속이는 라반과 야곱의 모습은 인간사에서 나타나는 일반적인 모습을 그대로 보여주고 있습니다. 여기에는 가족과 형제와 친구가 모두 포함됩니다. 인간은 결정적인 순간에는 자기 유익을 취하는 모습을 보입니다. 사람을 의지하기보다 하나님을 의지하는 것이 진정한 지혜입니다.

3. 야곱은 아브라함과 이삭처럼 큰 부자가 되었습니다(창 26:13~14). 물론 이것은 하나님의 축복이었습니다. 그러나 야곱의 방법은 인간적인 속임수가 포함되어 있었습니다. 이렇게 얻은 재물을 나중에 에서에게 선물했고(창 32:13~15), 가나안에 큰 흉년이 들었을 때 그것들을 포기하고 애굽으로 이주하게 되었습니다. 사람의 방법을 의지하여 얻은 것은 오래가지 못하고 결국 다 흩어져 버립니다. 야곱은 아브라함과 이삭과 비교할 때 어떤 점에서 다른지 말해 보십시오.

Tip 아브라함과 이삭은 하나님의 은혜로 거부가 되었습니다. 야곱도 거부가 되었지만 그는 인간의 속임수로 거부가 되었습니다. 그러나 그 물질도 나중에 에서와의 만남에서는 별 가치가 없었습니다. 아무리 물질이 많아도 그것이 인간 사이를 화해하는 데 도움을 주지 못합니다. 하나님의 전적인 은혜만이 모든 것을 가능하게 합니다.

말씀의
실천

1. 오늘 말씀을 통해 깨달은 영적교훈과 붙잡아야 할 약속의 말씀은 무엇입니까?

_____

_____

2. 오늘 말씀을 통해 실천에 옮겨야 할 내용과 한 주간 실천계획을 세워 보십시오.

_____

_____

3. 오늘 말씀을 통해 얻은 각오와 신앙의 결단을 말해 보십시오.

_____

_____

4. 오늘 이 시간 내가 드려야 할 기도는 무엇입니까?(기도 제목을 놓고 각자 기도한다)

_____

_____

내가 깨달은 영적 교훈과 삶의 적용

떠날 준비를 하는 야곱

| 성경 본문 | 창세기 31:1~16

야곱은 20년 동안의 하란 생활을 청산하고 라반을 떠나 가나안으로 돌아가고자 합니다. 야곱은 라반과 처음에 만났을 때처럼 좋은 관계에서 축복을 받고 떠나는 것이 아니라 관계가 깨지는 상황에서 하란을 떠나게 됩니다. 야곱은 라반의 안색이 변하는 것을 보고 더욱더 마음을 굳히게 됩니다. 20년간 수고하고 노력했으나 마음은 편치 않았고 영적으로는 큰 진보가 없었습니다.

말씀의
살핌

1. 이제 야곱과 라반의 상황이 어떻게 달라졌습니까?(1)

2. 상황이 뒤바뀐 것을 안 라반의 모습은 어떠합니까?(2)

3. 하나님이 야곱에게 나타나셔서 한 약속은 무엇입니까?(3)

4. 하나님의 말씀을 들은 후에 야곱은 라헬과 레아를 불러서 어떻게 조치를 합니까?(4~13)

5. 지금까지 라반의 집에서 야곱과 함께하신 하나님의 모습을 말해 보십시오. 그리고 지금 라반의 양무리 상황은 어떠합니까?(5, 7~9)

6. 야곱의 이야기를 들은 레아와 라헬은 어떤 이유를 들어 야곱의 말에 동의합니까?(14~16)

_____

_____

말씀의
깨달음

1. 20년이 된 지금 순간에 라반과 야곱은 사이가 아주 나빠지고 딸과 아버지와의 관계도 깨졌습니다. 많은 물질을 얻었으나 자신과 하나님, 이웃의 관계에서는 오히려 더 많은 문제점을 가지고 있습니다. 이것을 통해 발견할 수 있는 물질과 신앙과의 관계를 말해 보십시오.

_____

Tip 물질보다 관계가 더 중요합니다. 그럼에도 사람들은 관계를 소홀히 여기고 물질에 더 마음을 쏟습니다. 결정적인 순간에 물질은 크게 힘을 발휘하지 못합니다. 물질로 하지 못하는 것이 많이 있습니다. 중요한 것은 물질이 아닌 사랑이요 하나님의 은혜입니다. 그것으로 쉽게 해결됩니다.

2. 야곱은 모든 문제를 라반의 잘못으로 돌립니다. 자기의 잘못은 배제하고 오직 라반의 실수만 언급하면서 마치 자기는 의로운 것처럼 자기를 변호합니다. 그 내용을 본문에서 찾아보십시오.(참고, 6~9절)

_____

_____

3. 라헬과 레아는 고향으로 돌아가자고 하는 야곱의 제안에 동의합니다. 동의를 하는 과정에서 아버지 라반과 절교 의사를 표시합니다. 물질적인 문제 때문에 부녀 사이가 갈라지게 됩니다. 이것을 통해 가족이라는 혈연관계의 한계점을 말해 보십시오.

말씀의 실천

1. 오늘 말씀을 통해 깨달은 영적교훈과 붙잡아야 할 약속의 말씀은 무엇입니까?

2. 오늘 말씀을 통해 실천에 옮겨야 할 내용과 한 주간 실천계획을 세워 보십시오.

3. 오늘 말씀을 통해 얻은 각오와 신앙의 결단을 말해 보십시오.

_____

_____

4. 오늘 이 시간 내가 드려야 할 기도는 무엇입니까?(기도 제목을 놓고 각자 기도한다)

_____

_____

 내가 깨달은 영적 교훈과 삶의 적용

_____

_____

_____

_____

_____

_____

_____

_____

도망하는 야곱, 추격하는 라반

| 성경 본문 | 창세기 31:17~42

야곱은 아내들의 동의를 얻어 하란에서 얻은 아내들과 자녀와 모든 소유를 가지고 라반 모르게 도망하게 됩니다. 3일 후에 라반은 이 사실을 알고 야곱을 추적하여 가다가 하나님의 간섭으로 야곱을 해치지 못하게 됩니다. 길르앗에서 야곱을 만나 드라빔을 찾지만 발견하지 못함으로 이 사건은 일단락됩니다. 하나님을 신뢰하지 못하고 비겁한 행동을 하는 야곱임에도 불구하고 하나님은 약속을 지키십니다. 여전히 야곱을 사랑하시고 보호하시는 모습이 인상적입니다.

말씀의
살핌

1. 야곱이 아내들의 동의를 얻고서 가나안으로 떠나는 준비를 하는 모습을 말해 보십시오.(17~18)

2. 라헬은 무엇을 훔쳐서 갔으며 야곱은 어떻게 떠났습니까?(19~21)

3. 도망하다시피 하여 떠난 야곱의 일행을 라반은 어떻게 추적했습니까?(22~23)

4. 야곱을 추적하는 라반에게 하나님이 나타나셔서 한 말씀을 말해 보십시오.(24)

5. 라반은 야곱을 쫓아가서 어떤 문제를 제기했습니까?(25~30)

6. 라반이 문제점을 지적하자 이에 대해 야곱이 무엇이라 대답했는지
말해 보십시오.(31~32)

_____

_____

7. 라반은 드라빔을 찾으려고 어떻게 했으며 결국은 왜 드라빔을 찾지
못했습니까?(33~35)
(자녀는 부모 앞에서 일어서게 되어 있었다. 레 19:32; 왕상 2:19)

_____

_____

8. 야곱의 반격을 말해 보십시오. 또 야곱은 모든 것은 궁극적으로 무엇
으로 인한 역사라고 말합니까? (36~42)

_____

_____

말씀의
깨달음

1. 야곱은 하나님을 신뢰하기보다는 사람을 두려워하며 자기 자신의
생각과 계략을 믿는 모습을 여전히 드러내고 있습니다. 그러다 보니 라
반 몰래 도망합니다. 그럼에도 하나님이 야곱을 사랑하시고 보호하시
는 모습을 통해 우리는 무엇을 느낄 수 있습니까?

2. 라반의 드라빔은 사람 모양으로 된 가정 수호신으로 큰 것은 등신 크기가 되고 작은 것은 약대 안장에 숨길 정도가 됩니다(참고, 삼상 19:13). 하나님을 믿으면서도 라반이 드라빔을 가정 수호신으로 섬기고 있는 이유와 아울러 라헬이 드라빔을 훔친 이유를 말해 보십시오.

3. 라헬도 라반이나 야곱과 마찬가지로 거짓말을 잘하는 사람으로 나타나고 있음을 알 수 있습니다. 약대 안장에 앉아 경수가 난다고 하면서 부모를 속이는 면에서 그녀 역시 라반과 야곱의 속이는 속성을 그대로 지니고 있음을 알 수 있습니다. 모든 인간에게 있는 속임수에 대해서 말해 보십시오. 보통 급할 때 속임수를 쓰게 되는데 왜 이런 일이 생긴다고 봅니까?

4. 야곱은 지금까지 모든 것을 하나님이 함께하시는 사건으로 해석하면서 결론을 맺습니다. 자기를 의지하고 속임수에 능하면서도 결론적으로는 하나님께 영광을 돌리는 야곱의 행동에 대해 우리는 어떤 이해를 가져야 합니까?

말씀의
실천

1. 오늘 말씀을 통해 깨달은 영적교훈과 붙잡아야 할 약속의 말씀은 무엇입니까?

2. 오늘 말씀을 통해 실천에 옮겨야 할 내용과 한 주간 실천계획을 세워 보십시오.

3. 오늘 말씀을 통해 얻은 각오와 신앙의 결단을 말해 보십시오.

4. 오늘 이 시간 내가 드려야 할 기도는 무엇입니까?(기도 제목을 놓고 각자 기도한다)

 내가 깨달은 영적 교훈과 삶의 적용

길르앗의 맹세와 화해

| 성경 본문 | 창세기 31:43~55

쌍방의 논쟁은 증거가 없기에 더 이상 진전되지 않고 끝이 납니다. 인간의 논쟁으로는 해결점을 찾을 수 없고, 서로 속이는 가운데 타협점을 찾는 것은 더욱 쉽지 않습니다. 인간은 근본적인 해결을 할 수 없고, 오직 하나님 안에서만이 중재가 가능합니다. 라반과 야곱은 하나님 앞에서 언약을 세워 증거를 삼으면서 문제를 해결하려고 합니다. 하나님을 믿는다는 것이 벼랑으로 치닫는 관계를 해결하는 데 최종적인 해결점이 됩니다. 현재의 문제를 해결하지 않고서 다음의 문제로 나가는 것은 쉽지 않습니다. 그런 의미에서 라반과 야곱이 관계를 잘 마무리하는 것은 중요합니다.

1. 쌍방의 논쟁은 끝이 나고 서로 화해를 하는 방법으로 라반과 야곱이
계약을 맺습니다. 그 과정을 말해 보십시오.(43~46)

_____

_____

2. 야곱과 라반은 그곳을 무엇이라 칭했습니까('여갈사하두다'는 아람
어)? 그리고 그 뜻을 말해 보십시오.(47~49)

_____

_____

3. 라반은 부모로서의 깊은 애정을 나타내고 있는데 무엇을 통해 그것
을 확인할 수 있습니까?(50)

_____

_____

4. 서로 계약을 맺으면서 증거로 세운 무더기와 기둥은 야곱과 라반에
게 어떤 증거가 됩니까?(51~52)

_____

_____

5. 라반과 야곱이 하나님의 이름을 불러 맹세한 장면을 말해 보십시
오.(53)

_____

_____

6. 야곱은 라반과 화해를 한 후에 무엇을 했습니까?(54)

_____

7. 라반은 어떻게 하고 떠났습니까?(55)

_____

1. 야곱은 라반의 제의에 즉시 동의하여 언약을 상징하는 의미에서 돌기둥을 세웠습니다. 사람끼리는 서로 신뢰하기 어려우나 하나님을 통해서는 나름대로의 해결책이 생깁니다. 이것이 주는 의미는 무엇입니까?

_____

Tip 지금 야곱은 자신이 잘 모르지만 에서와 화해를 해야 하는 위치에 있습니다. 그러기 위해서는 라반과도 그대로 헤어지면 안 됩니다. 서로 화해를 하고 그 다음 문제를 풀어야 합니다. 그런 의미에서 라반과의 화해는 중요합니다. 둘은 돌기둥을 세워 맹세하는 것으로 마무리 합니다. 이웃과 화해하지 않으면 하나님과의 화해도 어렵습니다. 먼저 이웃과 화해하고 그 후에 하나님께 예물을 드려야 합니다. 이 원리를 적용할 때 하나님이 주시는 복을 받을 수 있습니다.

2. 야곱과 라반이 맺은 언약은 구약성경의 중요한 주제로서 이들은 꼭 필요한 사항인 사람과 땅에 대한 증거의 언약을 세웁니다. 이것을 통하여 발견되는 야곱과 라반의 관계를 정리해 보십시오.

Tip 사람과의 사이에 중요한 것은 언약입니다. 이것은 하나님과 사람 사이에도 적용됩니다. 물질보다 언약이 더 중요합니다. 신용이 없으면 물질도 사라집니다. 그러나 신용이 있으면 물질은 생깁니다. 언약은 곧 인격입니다. 삶의 마지막은 언제나 인격으로 승부해야 합니다.

3. 쉽게 가시지 않는 앙금을 언약의 맹세를 통하여 일단 정리하고 라반과 야곱은 나름대로 관계를 잘 마무리합니다. 이것이 우리에게 주는 영적 교훈은 무엇입니까?

Tip 인간 사이를 맺게 하는 것은 약속입니다. 결혼도 약속이고 부모와 자녀관계도 약속이며 친구 사이도 약속입니다. 사회도 약속에 의해서 유지됩니다. 이것이 무너지면 모두 무너집니다. 신앙도 약속입니다. 약속에 충실한 것이 좋은 신앙입니다. 파기된 약속을 다시 세워 무너진 관계를 회복해야 합니다.

말씀의
실천

1. 오늘 말씀을 통해 깨달은 영적교훈과 붙잡아야 할 약속의 말씀은 무엇입니까?

2. 오늘 말씀을 통해 실천에 옮겨야 할 내용과 한 주간 실천계획을 세워 보십시오.

3. 오늘 말씀을 통해 얻은 각오와 신앙의 결단을 말해 보십시오.

4. 오늘 이 시간 내가 드려야 할 기도는 무엇입니까?(기도 제목을 놓고 각자 기도한다)

 내가 깨달은 영적 교훈과 삶의 적용

에서와의 만남 준비

| 성경 본문 | 창세기 32:1~12

야곱이 라반과 이별을 하고 나자 새로운 문제가 발생합니다. 형 에서가 자기를 만나려고 400명을 거느리고 온다는 소식이 들렸습니다. 일생의 가장 중한 위기를 만나는 야곱은 나름대로 대비책을 세우면서 에서를 만날 준비를 합니다. 야곱은 산넘어 산을 만나는 위기를 겪으면서 자기가 지은 죄의 보응은 사라지지 않고 20년이 지난 후에도 여전히 자기를 조여 오는 것을 경험합니다. 얼마나 죄의 결과가 무서운지를 알려주고 있습니다.

말씀의 살핌

1. 라반과의 문제를 해결한 야곱은 길을 가다가 누구를 만나게 됩니까?(1~2)

2. 야곱은 에돔 땅에 있는 형 에서에게 사람을 보내어 무엇을 고하게 합니까?(3~5)

3. 야곱의 사자들을 통하여 보고 받은 내용은 무엇입니까?(6)

4. 야곱은 이 소식을 접하고 충격을 받아 나름대로의 대비책을 세우는데 그것은 무엇입니까?(7~8)

5. 야곱은 인간적인 예방책으로는 불안함을 느껴 하나님께 기도합니다. 기도의 내용을 정리해 보십시오.

　　1) 하나님에 대한 찬양

2) 과거에 대한 회상 내용

_____

3) 지금의 모습과 상황

_____

4) 미래의 소망

_____

말씀의 깨달음

1. 죄의 문제는 언제나 그 값으로 다가옵니다. 이전에 속임을 통해서 장자의 축복권을 가로챈 야곱에게 있어 에서는 자기 인생에서 가장 무서운 존재입니다. 그것은 사람이 아닌 죄에 대한 두려움입니다. 우리가 죄를 짓지 말아야 하는 이유는 무엇입니까?

_____

_____

Tip 죄를 지으면 관계가 무너지기에 상대방과의 모든 관계가 끊어집니다. 그러면 두려움과 불안이 마음에 자리잡습니다. 하나님과의 사이가 끊어지면 죽음의 두려움이 옵니다. 죄는 관계의 단절이고, 회개는 관계를 회복하는 것입니다. 그것은 물질이 아닌 마음으로 이루어집니다.

2. 야곱은 형 에서가 400명의 군대를 데리고 자기를 만나러 온다는 소식을 듣고 두려워하여 자기의 소유와 동행자를 두 군데로 나누게 되는데 왜 그렇게 했습니까? 이것을 통해 발견되는 야곱의 모습을 그려 보십시오.

야곱은 형 에서가 자기를 잡으러 올 줄 몰랐을 것입니다. 그런데 라반의 문제를 해결하고 얼마 안 되어 인생의 최대 위기를 맞이하게 됩니다. 이 문제를 풀지 않고는 집에 돌아갈 수 없었습니다. 피해갈 수 없는 풀어야 할 숙제입니다. 이것을 해결하기 위해 야곱은 인간적인 방법을 사용합니다. 그러나 그 결과는 소용이 없습니다. 인간의 지혜라는 것이 이렇습니다.

3. 야곱이 기도한 내용 중에 야곱 자신의 잘못을 회개하는 내용은 보이지 않습니다. 위기를 만나는 순간에 기도하지만 그에게는 진정한 회개가 보이지 않습니다. 이것은 지금까지 야곱의 일관된 모습이기도 했습니다. 자기의 잘못을 보기보다는 다른 사람의 문제점을 늘 지적하는 선에서 그쳤습니다. 왜 이런 상황이 생겼을까요? 이런 경우에 생기는 문제점과 대안을 찾아 보십시오.

기도는 자기를 살려달라는 것이 아닌 하나님의 뜻을 구하는 것입니다. 그런데 우리는 기도를 마치 내가 원하는 것을 구하는 것으로 오해합니다. '구하라' 고 성경이 말하는 것은 자기가 원하는 것이 아닌 하나님이 원하는 것을 구하라는 의미입니다. 기도는 자기를 하나님 앞에서 판단해 보는 시간입니다. 기도는 다른 사람을 탓하는 것이 아닌 자기의 문제를 살펴 보면서 회개하는 것입니다.

말씀의
실천

1. 오늘 말씀을 통해 깨달은 영적교훈과 붙잡아야 할 약속의 말씀은 무엇입니까?

2. 오늘 말씀을 통해 실천에 옮겨야 할 내용과 한 주간 실천계획을 세워 보십시오.

_____

_____

3. 오늘 말씀을 통해 얻은 각오와 신앙의 결단을 말해 보십시오.

_____

_____

4. 오늘 이 시간 내가 드려야 할 기도는 무엇입니까?(기도 제목을 놓고 각자 기도한다)

_____

_____

 내가 깨달은 영적 교훈과 삶의 적용

_____

_____

_____

_____

_____

얍복강 나루의 씨름

| 성경 본문 | 창세기 32:13~32

얍복강 나루에서 하나님과 홀로 만나서 씨름하며 기도하면서 싸운 것은 하나님과의 싸움이라기보다는 자기 자신의 악한 이기적인 본성과의 싸움이었습니다. 이 씨름이 끝났을 때 야곱은 새 사람이 될 수 있었습니다. 야곱에게 있는 가장 큰 문제는 20여 년이 지난 지금에도 여전히 자기를 신뢰하고 자기 의를 드러낸다는 것입니다. 자기를 의지하면 할수록 두려움은 더해집니다. 그러나 하나님을 전적으로 신뢰하고 인생을 살아가면 우리 안에 평화가 생깁니다.

1. 야곱은 밤에 거하면서 형 에서를 위하여 예물을 택하는데 그 내용을 말해 보십시오.(13~15)

2. 야곱은 예물로 택한 동물을 몇 떼로 나누었으며 종들에게 어떻게 지시했습니까? 그렇게 한 이유는 무엇입니까?(16~20)

3. 야곱이 예물의 떼를 앞서 보내고 야곱 자신은 어떻게 했습니까?(21~24)

4. 야곱이 얍복 나루에서 날이 새도록 어떤 사람과 씨름한 내용을 말해 보십시오.(24~25)

5. 야곱이 환도뼈가 위골되었음에도 포기하지 않고 자기에게 나타난 사람을 붙잡고 매달려 한 말은 무엇입니까?(26)

6. 결국 야곱은 하나님의 축복을 받아내는데 그 내용을 말해 보십시오.(27~29)

_____

_____

7. 야곱이 하나님의 축복을 받아 낸 장소를 무엇이라 불렀습니까?(30)

_____

_____

8. 브니엘을 지날 때 야곱의 모습은 어떠했으며 이것을 기념하여 이스라엘 사람들이 지금까지 행하고 있는 일은 무엇입니까?(31~32)

_____

_____

1. 야곱이 문제의 해결방법으로 자기가 가진 예물을 나름대로 전략을 짜서 보내 형의 감정을 풀고자 했습니다. 이러한 행동은 어떤 점에서 한계가 있습니까?

_____

Tip 재물로 사람의 마음을 잡을 수 없습니다. 마음을 움직이는 것은 진실함입니다. 하나님의 자비가 임하면 사람의 마음이 움직입니다. 내가 사람의 마음을 잡을 수 없습니다. 그러나 하나님이 사람의 마음을 움직이면 원수까지도 사랑하는 마음이 생깁니다.

2. 야곱은 예물로는 문제를 해결할 수 없음을 직감하고 모든 소유를 강 건너로 보내고 혼자 남습니다. 그때 하나님의 사자를 만나면서 밤이 새도록 하나님께 기도하면서 자신과 씨름하게 됩니다. 하나님은 홀로 있을 때 만나 주십니다. 하나님의 역사는 홀로 남았을 때 나타납니다. 하나님은 일대일 독대를 원하십니다. 이런 홀로 있는 시간을 위해서 우리가 미리 해결해야 할 것은 무엇입니까? 이런 사전 행동이 하나님과의 만남을 이루는 데 왜 중요합니까?

Tip 홀로 있을 때 우리는 하나님을 바라보게 됩니다. 이런 면에서 외롭고 고독한 순간이 하나님을 만나는 최적의 기회입니다. 이것을 아시는 하나님은 우리를 의도적으로 고독한 자리로 가게 하십니다.

3. 밤이 새도록 자신과 씨름을 하면서 (기도로) 얻어낸 하나님의 축복은 물질적인 것이 아닌 영적인 것이었습니다. 영적인 축복은 구체적으로 어떤 것들이며 이것이 주는 의미는 무엇입니까?

Tip 지금 야곱에게 필요한 것은 물질이 아닌 나와 함께하시는 임마누엘의 하나님입니다. 하나님이 함께하시면 불가능이 없습니다. 이런 하나님을 얼마나 느끼며 확신하느냐가 중요합니다. 최고의 복은 하나님 자신입니다.

4. 기도는 자아를 죽이며 하나님의 뜻에 복종시키는 것입니다. 이것이 야곱이 밤이 새도록 기도하면서 하나님과 만났던 모습입니다. 하나님이 야곱 자신의 힘을 상징하는 환도뼈를 침으로 한순간에 야곱은 장애인이 되었습니다. 이러한 야곱의 모습이 우리가 기도 후에 응답 받은 변화된 모습입니다. 이것을 통해 기도는 무엇이며 기도의 목적과 의미

는 무엇인지 함께 이야기해 보십시오.

Tip 기도는 자신을 변화시키는 것입니다. 기도의 유익은 상황이 변하는 것이 아닌 자신이 달라지고 자신이 새로워진다는 것입니다. 나의 시각과 마음이 달라지면 모든 것이 달라집니다. 기도를 통해 우리는 이것을 이룹니다. 하나님은 내가 변화하는 모습에 따라 움직이십니다.

말씀의 실천

1. 오늘 말씀을 통해 깨달은 영적교훈과 붙잡아야 할 약속의 말씀은 무엇입니까?

2. 오늘 말씀을 통해 실천에 옮겨야 할 내용과 한 주간 실천계획을 세워 보십시오.

3. 오늘 말씀을 통해 얻은 각오와 신앙의 결단을 말해 보십시오.

4. 오늘 이 시간 내가 드려야 할 기도는 무엇입니까?(기도 제목을 놓고 각자 기도한다)

_____

_____

 내가 깨달은 영적 교훈과 삶의 적용

SCENE 16
야곱과 에서의 만남

| 성경 본문 | 창세기 33:1~20

야곱이 평생 동안 마음에 부담감을 가지고 있던 에서와의 만남이 이루어지는 순간입니다. 하나님의 축복의 말씀을 들었으면서도 끝까지 신뢰하지 못하고 자기의 방법을 사용하면서 염려하는 야곱과 대조적으로 에서는 만나자마자 먼저 달려와서 야곱을 맞아들였습니다. 이는 하나님의 섭리가 아니면 이해하기 힘든 장면입니다. 야곱의 예측을 완전히 벗어난 하나님이 이루신 화해의 순간입니다. 20여 년간 가지고 있었던 갈등과 미움과 두려움이 한순간에 해결되고 형제애가 회복되는 모습은 하나님이 만드신 기적의 작품입니다.

말씀의 살핌

1. 야곱이 에서가 400인을 거느리고 오는 것을 보자 이것을 두려워하여 가족을 어떻게 배치했습니까?(1~2)

2. 인간적으로 볼 때는 아주 연약해진 절고 있는 야곱이 에서에게 다가가 어떻게 행동했습니까?(3)

3. 이것을 본 에서의 반응을 말해 보십시오.(4)

4. 에서가 두 가지를 야곱에게 물었는데 그 내용을 말해 보십시오.(5~8)

   1) 여인들과 자식들에 대해서

   2) 모든 짐승의 떼들

5. 야곱이 주는 예물에 대해서 형은 어떻게 생각했으며 나중에 어떻게 받았습니까?(9~11)

6. 에서는 이제 서로 화해했으니 동행하자고 야곱에게 제안했지만 야곱은 어떻게 거절했습니까?(12~15)

7. 에서와 야곱은 어떻게 헤어졌습니까?(16~17)

8. 에서와 이별한 야곱은 가나안 땅 세겜에 이르러 장막을 쳤는데 그 장막 친 밭을 어떻게 했습니까?(18~20)

1. 서로 원수된 야곱과 에서가 20년 만에 만나 서로 목을 어긋 맞고 우는 장면을 보면서 느낀 점은 무엇입니까?

Tip 아름다운 화해의 장면입니다. 인간은 죄인입니다. 늘 사람과 원수로 살아갑니다. 이기적인 사람의 삶에 나타나는 모습입니다. 우리는 화해자로 살아야 합니다. 주님은 우리와 하나님의 원수관계를 화해시켰습니다. 그렇기에 우리가 구원을 받았습니다. 이것은 그리스도인의 정체성이 화해자로 살아야 함을 말하고 있습니다. 언제나 화해를 만들어 내는 주도자가 되어야 합니다. 먼저 다가서서 화해하는 바로 그 사람이 리더입니다.

2. 하나님과의 만남을 경험했음에도 야곱은 계속 걱정 근심하면서 다양한 인간적인 방법을 사용합니다. 그러나 형 에서와 만나면서 염려했던 문제들이 생각보다 아주 쉽게 해결이 되며 화해가 이루어지는 것을 보게 됩니다. 다리를 절며 다가와서 앞에 엎드려 절하는 야곱의 모습을 보고 에서는 자비의 마음이 생겼을 수도 있습니다. 그것은 이미 하나님이 야곱을 낮게 만듦으로 에서를 감동시킨 것이라 할 수 있습니다. 어려운 문제가 이렇게 쉽게 해결되는 것을 보고 생각되는 영적 교훈을 말해 보십시오.

_____

_____

Tip 교만하면 하나님이 역사하시지 않습니다. 겸손하게 자기를 낮추는 자를 하나님은 사랑하시고 어려운 문제를 풀어 주십니다. 도저히 풀릴 것 같지 않은 야곱과 에서의 관계가 야곱의 환도뼈가 부러지는 사건으로 인하여 아주 쉽게 해결됩니다. 하나님이 역사하셔서 이루어진 일입니다. 약해진 야곱의 모습이 에서로 하여금 자비의 마음을 갖게 했습니다.

3. 야곱과 에서뿐만 아니라 모든 가족까지도 나와서 화해를 하는 장면을 보면서 우리는 야곱과 에서가 완전히 화해한 것을 알 수 있습니다. 에서가 같이 가며 도와주겠다고 제안했으나 야곱은 거절하며 결국 혼자 가게 됩니다. 이 장면은 우리에게 무엇을 가르쳐 주고 있습니까? 야곱이 가지고 있던 생각은 무엇이었을까요?

_____

_____

100

말씀의
실천

1. 오늘 말씀을 통해 깨달은 영적교훈과 붙잡아야 할 약속의 말씀은 무엇입니까?

2. 오늘 말씀을 통해 실천에 옮겨야 할 내용과 한 주간 실천계획을 세워 보십시오.

3. 오늘 말씀을 통해 얻은 각오와 신앙의 결단을 말해 보십시오.

4. 오늘 이 시간 내가 드려야 할 기도는 무엇입니까?(기도 제목을 놓고 각자 기도한다)

내가 깨달은 영적 교훈과 삶의 적용

102

SCENE 17

세겜 치욕 사건

| 성경 본문 | 창세기 34:1~31

야곱이 세겜에 머무는 동안 야곱의 딸 디나가 추장 세겜에게 강간을 당합니다. 그것을 책임지기 위해 추장은 청혼을 하지만 야곱의 아들들은 결혼 조건을 요구하며 신성한 할례의식을 속임수로 사용합니다. 이에 무서운 복수극이 벌어집니다. 아직 온전히 거듭나지 못한 인간의 죄악성이 드러난 모습입니다. 상황에 따라 계속 드러나는 악한 인간의 본성을 다시 한번 느끼게 합니다. 보다 큰 하나님의 차원에서 보지 못하고 단순히 인간의 정욕적인 시각에서 문제를 처리한 세겜 복수사건은 믿음의 사람들에게 특별한 경각심을 주고 있습니다.

1. 야곱은 세겜에 머물면서 어떤 치욕의 일을 당했습니까?(1~4)

2. 야곱이 자기의 딸 디나가 이방 사람에게 더럽힘을 당한 소식을 듣자 어떻게 했습니까? 그의 아들들의 반응을 말해 보십시오.(5~7)

3. 하몰과 그의 아들 세겜은 자기가 행한 일에 대한 책임으로 청혼을 하면서 아울러 무엇을 제의합니까?(8~12)

4. 야곱의 아들들은 세겜와 하몰에게 이것의 해결방법으로 속임수를 제시하는데 그것은 무엇입니까?(13~17)

5. 하몰과 세겜은 이 말을 좋게 여겨 동의를 했습니다. 그들이 이 일을 어떻게 시행하는지 말해 보십시오.(18~24)

6. 세겜 사람들이 할례를 받은 지 3일 되는 날 고통을 느낄 때 야곱의 두 아들 시므온과 레위와 다른 아들들이 합세하여 어떤 일을 행합니까?(25~29)

7. 이 소식을 들은 야곱의 반응을 말해 보십시오.(30~31)

말씀의 깨달음

1. 롯과 같이 야곱은 자기 가족을 유혹의 장소에 둠으로 딸이 성을 보러 나갔다가 사고를 당했습니다. 이것이 주는 영적 교훈은 무엇입니까?(참고, 시편 1편)

Tip 의인은 죄인의 길에 서면 안 됩니다. 인간은 약하기에 세상을 좋아하게 되어 있습니다. 세상을 기웃거리다 보면 어느새 나도 모르게 세상에 빠지게 됩니다. 한 번의 호기심이 평생을 망치게 할 수 있습니다. 길이 아닌 곳에는 가까이 가지 말아야 합니다.

2. 야곱의 아들들은 아버지와 마찬가지로 교묘한 속임수를 사용하여 일을 처리하며 복수의 피를 흘립니다. 특히 신성한 할례의식을 이용하여 속임수를 쓰는 것이 더 악한 모습입니다. 이런 예가 역사 가운데서

도 종종 나타나고 있는데(십자군전쟁, 마녀화형) 이것의 문제점을 말해 보십시오.

3. 야곱은 아들의 참혹한 복수의 행동에 대해서 주모자인 시므온과 레위를 불러 책망하지만 그는 자식이 지은 죄보다는 오히려 가족의 안전을 더 걱정하는 모습을 보입니다. 야곱의 이런 행동이 나타나게 된 이유는 어디에 있다고 봅니까?

말씀의
실천

1. 오늘 말씀을 통해 깨달은 영적교훈과 붙잡아야 할 약속의 말씀은 무엇입니까?

2. 오늘 말씀을 통해 실천에 옮겨야 할 내용과 한 주간 실천계획을 세워 보십시오.

_____

_____

3. 오늘 말씀을 통해 얻은 각오와 신앙의 결단을 말해 보십시오.

_____

_____

4. 오늘 이 시간 내가 드려야 할 기도는 무엇입니까?(기도 제목을 놓고 각자 기도한다)

_____

 내가 깨달은 영적 교훈과 삶의 적용

가나안에 돌아옴

| 성경 본문 | 창세기 35:1~29

야곱은 드디어 가나안에 돌아옵니다. 처음 벧엘에서 주신 하나님의 약속이 벧엘에서 그대로 응답되는 것을 봅니다. 본장으로 야곱의 역사는 끝이 납니다. 벧엘에서 단을 쌓은 일, 르우벤의 근친상간, 라헬과 이삭이 죽는 사건이 주요 내용입니다. 몇 개의 단편들을 연속적으로 엮으면서 역사의 주인공인 야곱의 시대가 끝이 납니다. 더불어 이삭은 죽음을 맞이합니다.

말씀의 살핌

1. 하나님이 야곱에게 명하신 말씀은 무엇입니까?(1)

2. 야곱은 어떻게 하나님의 말씀을 실천했습니까? 아울러 하나님께 고백한 내용은 무엇입니까?(2~4)

3. 왜 야곱의 아들들을 추격하는 자가 없었습니까?(5)

4. 야곱과 그와 함께한 사람이 다시 벧엘에 이르러 단을 쌓았는데 그곳을 무엇이라 불렀습니까? 그리고 그곳에서 무슨 일이 일어났습니까?(6~8)

5. 야곱이 밧단아람(하란)에서 돌아올 때 하나님이 야곱에게 나타나셔서 어떤 복을 주셨습니까?(9~13)

6. 야곱은 하나님의 말씀을 듣고 어떻게 했습니까?(14~15)

7. 벧엘에서 떠나 에브랏(베들레헴)에 이르기 전에 어떤 일이 생겼습니까?(16~20)

8. 에델망대(양떼를 지키는 장소)에서 어떤 일이 일어났습니까?(21~22)

9. 야곱의 아들들을 말해 보십시오(출생 순서대로).(23~26)

10. 이삭의 죽음에 대해서 말해 보십시오.(27~29)

말씀의
깨달음

1. 5절 "그들이 발행하였으나 하나님이 그 사면 고을들로 크게 두려워하게 하신고로 야곱의 아들들을 추격하는 자가 없었더라"는 말씀이 주는 영적 의미를 말해 보십시오.

Tip 하나님이 함께하는 사람은 하나님이 책임져 주십니다. 그렇기 때문에 우리는 하나님의 사람이 되려고 힘써야 합니다. 하나님을 높이는 사람을 하나님이 높여 주십니다.

2. 그동안 아브라함과 이삭을 통해서는 약속의 아들을 하나씩만 주셨으나 이제 야곱에게 자손 번성의 때가 왔습니다. "생육하고 번성하라 국민과 많은 국민들이 나온다"는 의미를 말해 보십시오.

Tip 야곱을 통하여 이스라엘에 열두 지파가 생겼습니다. 그것은 곧 믿음이 많은 사람들에게 번져 나감을 의미합니다. 이스라엘에만 머무는 것이 아닌 수많은 믿음의 사람들을 만들어 내는 근원의 역할입니다.

3. '이스라엘'이란 이름을 브니엘(창 32:30)에서 주었으나 여기서 다시 '이스라엘'이란 이름으로 갱신하는 장면이 나옵니다. 브니엘에서의 개명 이후에도 '야곱'을 사용했으나 이제부터는 '이스라엘'이 주로 사용됩니다. 이스라엘 백성과 야곱의 관계성을 말해 보십시오.

Tip 야곱은 이스라엘을 상징합니다. 그런 이유로 야곱을 이스라엘로 혼용하여 사용합니다. 야곱은 개인적인 존재로 머무는 것이 아닌 하나님의 나라를 건설하는 주체로서 하나님의 선택을 받았습니다.

4. 르우벤은 서모 빌하와 근친상간을 저지름으로 장자이지만 장자권을 상실합니다. 이것이 주는 영적 교훈을 말해 보십시오.(참고, 레 18:8; 신 27:20; 고전 5:1; 창 49:4; 대상 5:1)

Tip 아무리 세상적으로 성공한 위치와 지위를 가지고 있어도 죄를 지으면 하나님은 그를 선택하지 않습니다. 죄 있는 사람은 하나님의 거룩한 일에 동참할 수 없습니다. 죄를 지었다면 회개해야 하나님의 사람으로 사용됩니다.

말씀의
실천

1. 오늘 말씀을 통해 깨달은 영적교훈과 붙잡아야 할 약속의 말씀은 무엇입니까?

2. 오늘 말씀을 통해 실천에 옮겨야 할 내용과 한 주간 실천계획을 세워 보십시오.

3. 오늘 말씀을 통해 얻은 각오와 신앙의 결단을 말해 보십시오.

4. 오늘 이 시간 내가 드려야 할 기도는 무엇입니까?(기도 제목을 놓고 각자 기도한다)

_____

_____

 내가 깨달은 영적 교훈과 삶의 적용

에서의 족보

| 성경 본문 | 창세기 36:1~43

아브라함이 죽고 그 아들 이삭의 역사가 시작되기 전에 그 두라의 소생과 이스마엘의 족보가 소개된 것 같이(창 25:1~18) 본문 역시 야곱의 역사가 끝나고 요셉의 이야기가 소개되기 전에 에서의 족보를 정리하고 있습니다. 에서는 에돔으로 후에 나타납니다. 이것은 이스라엘을 징계하는 도구로서 하나님의 필요성을 말하고 있습니다. 마치 애굽, 바벨론, 앗수르, 페르시아 등의 이방 나라가 하나님의 도구로 이스라엘의 역사 속에 나타난 것처럼 에서도 이런 역할을 합니다. 에서의 위치를 높이기 위한 것이라기보다는 야곱을 강조하기 위한 조연이라 볼 수 있습니다.

말씀의 살핌

1. 에서(에돔)는 부모의 명을 어기고 누구를 아내로 삼아서 자손을 낳았습니까? 자손을 함께 정리해 보십시오.(1~5)

2. 에서는 가나안 땅을 떠나 세일로 가서 에돔 왕국의 조상이 됩니다. 그 내용을 말해 보십시오.(6~8)

3. 세일 산에 거한 에돔 족속의 자손을 말해 보십시오.(9~14)

4. 에서의 자손 중에 나온 족장들의 명단을 말해 보십시오.(15~19)

5. 호리 족은 세일 땅의 원주민으로, 에서의 아내 오홀리바마가 호리 족이었습니다. 호리 7족속의 족보를 말해 보십시오.(20~30)

6. 이스라엘을 다스리기 전에 있었던 8명의 에돔 왕들을 말해 보십시오.(31~39)

_____

_____

7. 마지막 왕인 하달의 족장들로 추측되는 하달의 자문관들을 말해 보십시오.(40~43)

_____

_____

말씀의 깨달음

1. 에서의 족보 중에 등장하는 아말렉(12절)은 '골짜기 주민' 이란 뜻으로 이스라엘이 출애굽 당시 호렙에서 공격을 한 아멜렉 족속으로 여겨집니다. 결국 이스라엘과 에서는 적대관계가 되어 후에 대적하게 됩니다. 이것이 주는 교훈은 무엇입니까?

_____

> Tip 하나님이 에서를 축복하시고 번성하게 하신 것은 야곱 때문입니다. 에서는 야곱을 치고 훈련하기 위한 도구입니다. 마치 세상 사람들이 축복 받는 것이 그리스도인을 위한 것처럼 그들의 축복은 일시적이요 한시적입니다.

2. 이삭의 장자인 에서는 장자로서 축복을 받지 못했어도 번성했습니다. 에서의 자손은 번성하고 왕국으로 발전했습니다. 에서도 이삭의 아들입니다. 하나님은 에서도 번성하게 하셨습니다. 그러나 약속과 상관이 없기에 물질적인 번성은 했어도 하나님의 축복에서는 제외되고 결국에는 야곱을 섬기게 됩니다. 이것을 통해 발견되는 영적 의미를 말해 보십시오. (참고, 창 25:23, 27:39~40)

Tip 하나님께 선택되어 약속의 자녀가 된다는 것이 얼마나 큰 축복인지 모릅니다. 우리가 아브라함의 자손으로서 믿음의 사람이 되었다는 것은 정말 감사한 일입니다. 이런 선택에서 제외된 세상 사람들을 보면서 우리는 더욱 그들을 구원하는 일을 해야 합니다.

말씀의 실천

1. 오늘 말씀을 통해 깨달은 영적교훈과 붙잡아야 할 약속의 말씀은 무엇입니까?

2. 오늘 말씀을 통해 실천에 옮겨야 할 내용과 한 주간 실천계획을 세워 보십시오.

3. 오늘 말씀을 통해 얻은 각오와 신앙의 결단을 말해 보십시오.

_____

_____

4. 오늘 이 시간 내가 드려야 할 기도는 무엇입니까?(기도 제목을 놓고 각자 기도한다)

_____

_____

 내가 깨달은 영적 교훈과 삶의 적용

저자 이대희 목사

장로회 신학대학교 신학대학원(M.Div)과 연세대학교 연합신학대학원(Th.M)을 졸업하고
현재 에스라성경대학원대학교 성경학박사(D.Liit) 과정 중이다.
예장총회교육자원부 연구원과 서울장신대학교 신학과 교수를 역임하고 서울 극동방송에서
"알기쉬운성경공부" "기독교 이해" 등 프로그램을 진행했다. 지난 20여 년 동안 성서사
람·성서한국·성서교회·성서나라의 모토를 가지고 한국적 성경교육과 실천사역을 위해
집필과 세미나와 강의사역을 하고 있다. 현재 바이블미션(www.bible91.org) 대표, 꿈을주
는교회 담임목사, 독수리기독중고등학교 성경교사, 강남성서신학원 외래교수, 서울장신대
겸임교수로 사역 중이다.
저서로 《30분성경공부시리즈》《투데이성경공부시리즈》《아름다운 십대성경공부시리즈》
《이야기대화식성경연구》《성경통독을 위한 11가지 리딩포인트》《심방설교 이렇게 준비하
라》《예수님은 어떻게 교육했을까?》《1% 가능성을 희망으로 바꾼 사람들》《자녀를 거인으
로 우뚝 세우는 침상기도》《하룻밤에 배우는 쉬운 기도》《하나님 이것이 궁금해요》《크리
스천이 꼭 알아야 할 100문 100답》 등 100여 권이 있다.

창세기 3

초판 1쇄 발행일 / 2007년 9월 5일
초판 2쇄 발행일 / 2017년 1월 23일

지은이 / 이대희
펴낸이 / 김학룡
펴낸곳 / 엔크리스토
마케팅 / 이동석. 유영진
관리부 / 김동인. 신순영. 정재연. 박상진

출판등록 / 2004년 12월 8일(제2004-116호)
주   소 / 경기도 고양시 일산동구 장대길 74-10 (장항동)
전   화 / 031-906-9191   팩 스 / 0505-365-9191
이메일 / 9191@korea.com
공급처 / 기독교출판유통

ISBN 978-89-92027-25-0 (04230)
      89-89437-85-7 (세트)

값 3,500원

● 잘못된 책은 바꾸어 드립니다.
● 이 교재의 사용 방법, 내용, 훈련, 세미나에 대한 문의는 바이블미션(02-403-0196)으로 해주시
  면 최선을 다해 도와드리겠습니다.

엔크리스토 성경 공부 양육 과정

투데이 성경공부

평생 성경공부할 수 있도록 구성한 시리즈. 주제별로 구성되어 있어 각 교회의 상황에 맞게 커리큘럼을 재구성하여 사용할 수 있다.

101 신앙기초(전 9권 완간) | 201 예수제자(전 9권 완간) | 301 새생활(전 12권 완간)
601 성경개관(전 10권 완간) | 401 · 501 · 701 발간 예정

30분 성경공부

신앙생활의 기초를 다루었으며 신앙의 전체 그림을 그릴 수 있는
2년 과정의 소그룹 성경교재다. 성경공부를 시작할 때 사용하면 효과적이다.

믿음편 | 기초 · 성숙   생활편 | 개인 · 영성 · 교회 · 가정 · 이웃 · 일터 · 사회 · 세계
성경탐구편 | 창조시대 · 족장시대 · 출애굽시대 · 광야시대 · 정복시대/사사시대 · 통일왕국
시대 · 분열왕국시대 · 포로시대/포로귀환시대 · 복음서시대1 · 복음서시대2 · 초대교회시
대 · 서신서시대

아름다운 십대 성경공부

십대들이 꼭 알아야 할 성경의 핵심내용과 기독교적 가치관, 세계관을 정립하
는 데 필요한 핵심주제를 담고 있으며, 3년 과정으로 구성되었다.

101 자기정체성 · 복음만남 · 신앙생활 · 멋진 사춘기 · 예수의 사람(전 5권)
201 가치관 · 믿음뼈대 · 십대생활 · 유혹탈출 · 하나님의 사랑(전 5권)
301 비전과 진로 · 신앙원리 · 생활열매 · 인생수업 · 성령의 사람(전 5권)

책별 성경공부

성경 전체 66권을 각 권별로 자유롭게 선택하여 사용할 수 있는 성경공부.
성경 전체를 체계적으로 연구할 수 있다.

창세기1 · 2 · 3 · 4, 느헤미야, 요한복음1 · 2, 로마서, 에스더, 다니엘, 사도행전1 · 2 · 3
(계속 발간됩니다)

*지도자를 위한 지침서

• 이야기대화식 성경연구 | 이대희 지음 | 10,000원
• 인도자 지침서(십대 성경공부101시리즈) | 이대희 지음 | 10,000원
• 인도자 지침서(십대 성경공부201시리즈) | 이대희 지음 | 10,000원

이대희 지음/바이블미션 편